PSYCHOANALYSE IM wider spruch

33/2005

Thema:

Erregung statt Bedeutung

Psychosozial-Verlag PSV

Psychoanalyse im Widerspruch

Herausgeber: Institut für Psychoanalyse und Psychotherapie Heidelberg-Mannheim
Redaktion: Hans Becker, Helmut Däuker, Werner Knauss, Helmut Lüdeke, Alexandre Métraux, Gerhard Schneider
Koordination und Satz: Alexandre Métraux, Heidelberg
Redaktionsadresse: Institut für Psychoanalyse und Psychotherapie Heidelberg-Mannheim
Alte Bergheimerstraße 5
D-69115 Heidelberg
Telefon und Telefax: 0 62 21/18 43 45
Abonnentenbetreuung, Verlag:
Psychosozial-Verlag
bestellung@psychosozial-verlag.de
Umschlaggestaltung: Christof Röhl
Bezug: Für das Jahresabonnement EUR 24,90 (inkl. MwSt.) zuzüglich Versandkosten. Studentenabonnement 25% Rabatt (inkl. MwSt.) zuzüglich Versandkosten. Lieferungen ins Ausland zuzüglich Mehrporto. Das Abonnement verlängert sich jeweils um ein Jahr, sofern nicht eine Abbestellung bis zum 15. November erfolgt. Preis des Einzelheftes EUR 17,90.
Bestellungen von Abonnements bitte an den Verlag, *bestellung@psychosozial-verlag.de* Einzelbestellung beim Verlag oder über den Buchhandel.
Anzeigen: Anfragen bitte an *anzeigen@psychosozial-verlag.de.*
Erscheinungsweise: Zweimal im Jahr.

Manuskripte: Die Redaktion lädt zur Einsendung von Manuskripten ein. Mit der Annahme des Manuskriptes erwirbt der Verlag das ausschließliche Verlagsrecht auch für etwaige spätere Veröffentlichungen.

ISSN 0941-5378

Inhalt

Editorial

Das Schwerpunktthema dieses Hefts ist aktuell – und voll von Spuren der Vergangenheit. Vor einhundert Jahren machten sich Nervenärzte, Hygieniker, Politiker und Gelehrte ihre Gedanken über die Nervosität ihrer Epoche, wußten nicht, ob es sich um eine Erbanlage, um die Auswirkung des schwächelnden Rückenmarks oder um die einer hektisch gewordenen, aufgeregten und entfremdeten Lebenswelt handelte. Zeit zum Nachdenken schien für die Volksmassen nicht viel übriggeblieben zu sein, und die, die Zeit hatten, langweilten sich krank. So jedenfalls nahmen es die Kulturpessimisten wahr. Vermutlich war das ebenso stereotyp gedacht, wie die Lebensmutigen stereotyp Kriege anzettelten und das maschinelle Töten in Europa beförderten. Das Trauern, das Reflektieren kam zu spät – nach der Katastrophe auf den Schlachtfeldern und nach den politischen Umbrüchen.

Von dieser Ausgangslage schlagen die Beiträge des vorliegenden Hefts einen Bogen zum Erregungssyndrom unserer Tage. Oder genauer: Sie unternehmen den Versuch, das Erregungssyndrom auf den Begriff zu bringen, von verschiedenen Seiten zu beleuchten und im Vergleich zu früheren gesellschaftlichen Syndromen (vor allem mit der Nervosität um 1900) zu artikulieren. Die Texte gehen, teils ausdrücklich, teils implizit, von dem aus, was man als »Phänomen des Bedeutungsverlustes« bezeichnen kann. Daß damit keine einheitliche Theorie des Bedeutungsverlusts durch Erregung angestrebt wird, liegt auf der Hand. Die Beiträge setzen aber immerhin einige Akzente, die eine mögliche Richtung wenn nicht der Theoriebildung, so doch wenigstens des Begreifens vorgeben.

Die Redaktion

Psychoanalyse im Widerspruch, 17. Jahrgang, 2005, Heft 33, S. 5.

Karl Markus Gauß
Geteiltes Nichtverstehen.

Helmut Dahmer
Ernst Federn und die Erosion der Psychoanalyse

Günter Franzen
Vor den Müttern sterben die Söhne

Burkard Sievers
„Es gibt nichts, wofür es sich lohnt zu kämpfen.“

Angela Moré
Unersättlich – ungenießbar – unverdaulich

Mathias Hirsch
Über Krisen in der analytischen Arbeit

Georg Gröller
Ist der Psychoanalytiker einer, der weiß?

Einzelheft: € 13 plus Versand / sfr 20,–
Jahresabo Österreich: € 23,– incl. Versand
Jahresabo Deutschland: € 24,– incl. Versand
Jahresabo Schweiz: sfr 37,– incl. Versand
Jahresabo Überseeabo: € 28,– incl. Versand

Redaktion und Bestellungen:
Ludwig Schmedererplatz 1, A-5020 Salzburg
Fon/Fax: ++43/662/650011
Bestellung: vertrieb@werkblatt.at
Redaktion: redaktion@werkblatt.at
WERKBLATT im Internet: www.werkblatt.at

WERKBLATT 54
Psychoanalyse & Gesellschaftskritik 1/ 2005

Christoph Türcke

Erregte Gesellschaft
Wiederholungszwang als Nerv und Gift der Kultur*

Der traumatische Wiederholungszwang ist ein erstrangiger Nervenzerrütter. Er setzt aber nicht nur Individuen unerträglichem Leiden aus, sondern auch die psychoanalytische Theorie unter Druck. Freud hat lange gebraucht, bis er sich den Sonderstatus dieses Phänomens überhaupt eingestand. Gegen Ende des Ersten Weltkriegs, als er zunehmend mit Kriegstraumatisierten konfrontiert wurde, konnte er daran nicht mehr vorbeisehen – und merkte sehr wohl, daß damit auch die zentrale These seiner Traumtheorie in Frage gestellt war: Träume sind libidinöse Wunscherfüllung und nichts sonst. Bisher hatte er so argumentiert: Wo Angst in Träumen vorkommt, da geht diese Wunscherfüllung lediglich einen Umweg, da machen Menschen eigentlich bloß Bekanntschaft mit denjenigen ihrer Triebregungen und Wünsche, die sie selbst nicht wahrhaben wollen, weil sie nicht in Einklang mit ihrem persönlichen oder dem allgemeinen Sittenkodex sind. Sie ängstigen sich vor ihrer eigenen Schamlosigkeit. Die Traumangst ist deren Feigenblatt. Sie verschafft der Libido eine sich verhüllende, verleugnende, bestrafende Abfuhr.

Diese These ließ sich so nicht mehr halten. Wenn Personen, die im Schützengraben, bei einem Eisenbahnzusammenstoß oder sonst einem Unfall einen Schock erlitten, immer wieder in die Situation des Schocks zurückversetzt werden, dann, so muß Freud einräumen, ist etwas anderes am Werk als erotische Triebdynamik, etwas, was heftiger hernimmt als abgespaltene, verdrängte, in Angst verwandelte Libido, etwas, was, wie er in *Jenseits des Lustprinzips* mit bemerkenswerter Wortwahl sagt (Freud 1920g, S. 22), »ursprünglicher, elementarer, triebhafter« als die Libido ist: zur »Vorzeit« des Lustprinzips gehört. »Vorzeit des Lustprinzips« ist eine Freudsche Formel, deren Tragweite Freud selbst keineswegs ganz ermessen hat. Sie verrückt nämlich das gesamte Koordinatensystem der Psychoanalyse samt dem Blick auf die moderne Mediengesellschaft – Anlaß genug, diese Formel schwerer zu nehmen als Freud selbst und sie in drei Bedeutungsrichtungen auszuleuchten: menschheitsgeschichtlich, individualgeschichtlich und gesellschaftstheoretisch.

* Dieser Text bietet den knappen psychoanalytischen Extrakt einer umfassenden Gesellschafts- und Kulturtheorie, die ich unter dem Titel *Erregte Gesellschaft. Philosophie der Sensation* (Türcke 2002) vorgelegt habe.

Psychoanalyse im Widerspruch, 17. Jahrgang, 2005, Heft 33, S. 7-22.

I

So wenig wir vom Menschheitsanfang auch wissen, eines ist sicher: Zur Menschwerdung gehört die Ausbildung von Sitten und Gebräuchen, und die haben ihren Ursprung in sakralen Riten. Die wiederum haben eine gemeinsame Wurzel: das Opferritual. Wo immer wir archäologisch auf Spuren früher Menschheit stoßen, stoßen wir auf Rückstände, Beigaben der Opferdarbringung. Siedlungsplätze sind um ein sakrales Zentrum, einen Opferstein, einen Totempfahl, einen Berg, eine Grabstelle gruppiert, und Begräbnis ist von Opferung nicht trennscharf zu unterscheiden. Und wo wir mythologisch auf die Spuren früher Menschheit stoßen, also auf alte Erzählungsschichten, da ist ebenfalls das Opfer entweder die zentrale Handlung selbst oder aber diejenige, die alle andern rituellen Handlungen begleitet bzw. die literarische Handlung wie ein Leitmotiv durchzieht. »Ich opfere, also bin ich Mensch.« Töten – das tun auch Tiere, gelegentlich auch ihresgleichen, genauso wie sie Laute ausstoßen, Nahrung aufnehmen, kopulieren, fliehen, schlafen. Aber rituell töten, in feierlicher Versammlung an einem bestimmten Ort nach einem festgelegten Schema: das ist eine Besonderheit der Spezies *Homo sapiens*. Das griechische Verb *rezein* ist das Wortgedächtnis für diesen Sachverhalt. Es bedeutet sowohl »Opfer darbringen« als auch generell »handeln, tätig sein« und drückt damit aus, daß Opfern der Inbegriff menschlichen Handelns, die menschenspezifische Tätigkeit schlechthin ist – ganz ähnlich übrigens wie das lateinische *operari*, aus dem im Deutschen ebenso »operieren« wie »opfern« geworden ist (Burkert 1997, S. 9-10).

Wie das angefangen hat? Sicherlich sehr allmählich, sporadisch, diffus. Es mag tausende von Jahren gedauert haben, bis sich feste Opferrituale formierten. Jedenfalls dürften die menschlichen Kollektive, die vor etwa 30.000 Jahren in der Lage waren, die Wände der Höhlen von *Chauvet* so zu bemalen, daß wir heute noch sprachlos davor stehen, schon einen hoch entwickelten Opferkult praktiziert haben. Nicht unwahrscheinlich, daß dessen Anfänge, je nach Weltgegend, weitere zehn, vielleicht aber auch zwanzig oder vierzig Jahrtausende zurückreichen. Man kann sich hier leicht um ein paar Jahrzehntausende verrechnen. Eines freilich ist gewiß: Opfer sind kein Restmüll. Sie bestehen im Teuersten, was man hat. Man schlachtet Menschen und kostbarste Tiere. So etwas tut man nicht aus Spaß, sondern nur unter äußerstem Druck: weil man sich anders nicht zu helfen weiß, weil man sich damit Entlastung zu verschaffen glaubt. Nur: Was ist am Opfer entlastend? Es wiederholen doch Grauen und Leiden, *tut* doch das, wovon es entlasten will. Das ist absurd. Nur hat diese Absurdität eine geheime Logik. Die Logik des Opfers ist die physiologische des Wiederholungszwangs. Es vollzieht Grauenhaftes, um von Grauenhaftem loszukommen. Die ständige Wiederholung soll das Unerträgliche allmählich erträglich, das Unfaßliche faßlich, das Ungewöhnliche gewöhnlich machen. Physiologisch gesprochen stellt sie den Versuch dar, geeignete Nervenbahnen anzulegen, um in ihnen einen ungeheuren Erregungsschwall zu kanalisieren und zur Abfuhr zu bringen. Der Zwang zur permanenten Wiederholung des Grauenhaften ist schreckliches Leiden, aber ebenso das Bestreben, davon loszukommen: ein erster, unbeholfener Selbstheilungsversuch. Auf die Länge eines individuellen steinzeitlichen Menschenlebens wird dieser Versuch nicht viel gefruchtet haben. Auf 20 oder 30 Jahrtausende gerechnet aber hat die Wiederholung genügend Zeit gehabt, ihre beruhigende, deeskalierende Wirkung zu entfalten und sich als Kulturstifter *par excellence* zu erweisen.

Über das physiologische Raffinement in diesem Prozeß kann man nur staunen. Die Wiederholung kommt vom Schrecklichen zwar nicht los, ist sie doch sein ständiges *da capo*. Aber gerade dadurch kommt sie von seinem Hier und Jetzt los. Es gelingt ihr der Kunstgriff der Vergegenwärtigung. Sie sorgt dafür, daß etwas, was nicht mehr ist, was kein Hier und Jetzt mehr hat, dennoch wiederkehrt, abgelöst von seiner singulären physischen Präsenz – als deren Echo, Zitat, Abzug, Vervielfältigung, Extrakt. Das, was wiederkehrt, ist nicht die Sache selbst, sondern ihr »Geist«. Geist in Elementarform. Er ist noch weit davon entfernt, als etwas Selbständiges vorgestellt zu werden, sei es als schemenhaftes Spukwesen, sei es als Hauch, sei es als ein Set von Anschauungs- und Denkformen. Seine Vorstellung ist vielmehr seine Darstellung, seine *Performance*, und die besteht im feierlichen kollektiven Herfallen über bestimmte Menschen und Tiere. »Geist« ist zunächst bloß dies Tun selbst, nichts davon Abgelöstes, aber dies Tun ist der Beginn des Sich-Ablösens, des Abstrahierens vom Hier und Jetzt: ein erstes unbeholfenes Tappen auf jenem Weg, den Bachofen sehr schön die »Losmachung des Geistes von den Erscheinungen der Natur« (Bachofen 1980, S. 48) genannt hat und dessen erste Anfänge wir uns kaum beschwerlich und langwierig genug vorstellen können. Das »Geistige« daran ist zunächst bloß das stupide Wiederholen selbst und die damit einhergehende allmähliche Verregelmäßigung. Die aber ist nicht nur der Versuch, das Schreckliche durch seine Vergewöhnlichung verblassen zu lassen, sondern auch, es in eigene Regie zu nehmen. Daß man es sich selbst antut statt es angetan zu bekommen, auch sein Subjekt ist statt nur sein Objekt, nimmt ihm schon ein wenig von seiner grauenhaften Fremdheit und ist ein erster winziger Funken menschlicher Souveränität.

Der traumatische Wiederholungszwang vollzieht eine ungeheure Kehrtwendung. Sie ist der harte Kern dessen, was Nietzsche Umwertung der Werte nannte. Vom Schrecklichen loszukommen, indem man es reproduziert, statt vor ihm zu fliehen, ist eine Form, es *gut*zuheißen. Schreckliches gutheißen aber ist nichts Geringeres als die Durchbrechung der tierischen Weltauslegung. Auch Tiere deuten ja ihre Umwelt, wenn sie bestimmte Reize als Gefahr, Nahrung, Schutz oder Sexualobjekte wahrnehmen. Doch erst wo diese Deutung doppelten Boden bekommt, wird sie spezifisch menschlich. Interessanterweise geschieht das am Punkt der höchsten Eindeutigkeit, nämlich des höchsten Grauens und Schreckens, der nur eines verlangt: Rette sich, wer kann. Ausgerechnet dieser Schrecken wird vom traumatischen Wiederholungszwang als das genommen, *was von ihm errettet*. Das Gegenteil seiner selbst wird in ihn hineingedeutet. Er tritt auseinander in Vorder- und Hintergrund, in »Erscheinung« und »Wesen«: in das Schreckliche, als das er wirkt, und das Rettende, das darin steckt. Ihn vergegenwärtigen heißt also nicht nur ihn von seinem singulären Hier und Jetzt ablösen, ihn vervielfältigen, schematisieren, vergewöhnlichen, sondern ihm zugleich seine Eindeutigkeit rauben, ihn mit einer zweiten Dimension versehen: der eines höheren, rettenden Sinns.

Das ist die Geburtsanstrengung jeglicher Metaphysik und Theologie. Anfangs ist sie nicht mehr als eine Triebhemmung und -umkehrung: Bestimmte Wesen gewöhnen sich an, ihrem natürlichen Flucht- und Schutzimpuls nicht mehr unmittelbar nachzugeben. Unter Schock beginnen sie vielmehr, ihn umzuwenden und Schutz *vorm* Schrecklichen *beim* Schrecklichen zu suchen. Wenn irgendwo der Keim dessen zu suchen ist, was später »Geist« heißt, dann in dieser Flucht nach vorn. Sie hat den unschätzbaren Vorzug, schlagartig klarzumachen, was später undeutlich wird: wie innig die so genannten »ersten« mit den »letzten« Dingen verbunden sind, wie sehr es bei der Triebumwendung, dieser Elementarmaßnahme zur Selbsterhaltung, zugleich um Rettung und Erlösung geht. Der Punkt der beginnenden menschlichen Gefühlsambivalenz, des Auseinandertretens von Gut und Böse, Wesen und Erscheinung, Geist und Natur, ist der Indifferenzpunkt von Physiologie und Theologie.

Diese Triebumkehrung dürfte zunächst nicht viel mehr als ein reflexhaftes Reagieren gewesen sein, und es mag Jahrtausende gedauert haben, bis daraus eine selbst gesteuerte, tradierbare Fertigkeit wurde. Diese allmähliche, mühselige Metamorphose von Reflex in Reflexion hat die paradoxe Form eines *physiologischen Fehlschlusses*: physiologisch, weil ein ausdrückliches, bewußtes Schließen hier noch gar nicht stattfindet, und dennoch Fehlschluß, weil in diesem Reflex die Denkfigur »Dies ist schrecklich, also muß ich es gutheißen« implizit durchaus enthalten ist. Geist in seinen allerersten Anfängen *ist* physiologischer Fehlschluß. Die menschliche Fähigkeit zu schließen, all die unwiderleglichen Schlußfolgerungen, die sie hervorgebracht hat: sie verdankt sich diesem Fehlschluß. Er ist gleichermaßen die Geburt wie der Geburtsfehler des menschlichen Geistes.[1]

[1] Der in jeder neuen Generation mit neuer Macht wiederkehrende Hang zu jener Denkfigur, die in der Philosophie »naturalistischer Fehlschluß« heißt, nämlich die Natur trotz aller Widrigkeiten als an sich gut, als Produkt eines guten Schöpferwillens oder als Sitz höchster Normen und Werte auszugeben, zeigt, wie schwer es ist, von den eigenen Geburtsfehlern loszukommen.

»Physiologischer Fehlschluß« ist ein erkenntnis- und kulturtheoretischer Begriff für das, was in der Psychoanalyse »Identifizierung mit dem Angreifer« heißt. Beide Formeln aber stehen für jene Flucht nach vorn durch zwanghafte Wiederholung, bei der allmählich aus Tieren Menschen wurden. Was die Psychoanalyse im traumatischen Wiederholungszwang entdeckte, hatte mehr Gewicht, als ihr lieb sein konnte. Schon in *Jenseits des Lustprinzips* fällt Freuds Neigung auf, den traumatischen Wiederholungszwang gleichsam zu verbiedern, indem er ihn an Beispielen aus dem Triebleben der bürgerlichen Kleinfamilie zu erläutern sucht. Das Kind, das sich über das Fortsein der Mutter hinweghilft, indem es stundenlang »fort« spielt und die kränkende Verlusterfahrung durchs Spiel allmählich in eine Lusterfahrung umwendet, oder das so genannte Triebschicksal, das bestimmte Personen dazu führt, immer wieder den gleichen bitteren Kelch der Enttäuschung durch Geliebte, Freunde oder Kollegen zu schlürfen – sie stehen bereits in einer ödipalen Konstellation und zeugen allenfalls von *neurotischem* Wiederholungszwang, wie gekränkte Libido ihn bewirkt. Beweisen sollen sie jedoch einen *traumatischen* Wiederholungszwang, wie Eisenbahnunglücke ihn auslösen. Doch den blenden sie gerade aus. Der »Angreifer« ist jetzt nur noch der übermächtige Vater, traumatischer Schrecken nur noch so weit thematisch, wie *er* ihn auslöst oder darstellt. Schrecken schrumpft auf väterlichen Schrecken. Und die Identifizierung mit ihm wird nur noch als kulturell abgefedertes Familiendrama wahrgenommen. Ihre traumatische Urgeschichte, ihr Anteil an der Menschwerdung entfällt. Der Identifizierungsmechanismus, der so zur Analyse und Behandlung kommt, mag noch so sehr als seelischer Primärvorgang erscheinen. Kulturtheoretisch gesehen ist er ein hochgradig domestiziertes Sekundärphänomen.

II

Die »Identifizierung mit dem Angreifer« bedarf jedoch gar nicht notwendig eines Übervaters und einer ödipalen Dreieckssituation; sie findet schon im Wiederholungszwang selbst statt. »Vorzeit« des Lustprinzips ist er auch im Sinne von »Vorbereitungszeit«: sozusagen das Lustprinzip im Stadium seiner Latenz. Das gilt auch individualgeschichtlich. »Es ist ein herrliches Gefühl, wenn der Schmerz nachläßt«, erläutert in dem bekannten Irrenwitz einer seine Gewohnheit, sich mutwillig den Kopf zu stoßen. Als Witz mag das schwach sein; triebtheoretisch ist es stark. Wenn Trieb so viel wie Lust suchen und Unlust meiden heißt – und Bahnung optimaler Nervenwege zur Erregungsleitung ist nur ein neurologischer Ausdruck dafür – dann muß der Trieb dort, wo Unlust sich nicht vermeiden läßt, in der Suche nach ihrem optimalen Abbau bestehen. Ganz uneinsichtig Freuds These, bei der Schreckbearbeitung durch Wiederholung sei das Lustprinzip »außer Kraft gesetzt« (Freud 1920g, S. 29). Es arbeitet lediglich inkognito an der Vorbereitung seiner selbst, philosophisch gesprochen: an den Bedingungen seiner Möglichkeit. Es stimmt ja nicht, daß zuerst ein ungegängeltes Lustprinzip am Werk ist, bis es dann von einem Realitätsprinzip überformt wird. Vom Wunsch des Säuglings nach umgehender oraler Befriedigung wissen wir nur, weil er schreit, wenn sie nicht eintritt. Das lateinische Wort *principium* steht für etwas, wonach sich bestimmte Natur-, Sozial- oder Denkprozesse kategorisch richten. Es bezeichnet die sie bewirkende Ursache oder den Grund, auf den sie zurückzuführen sind. Das so genannte »Prinzip« der Lust jedoch erkennt man daran, daß es *nicht* befolgt werden kann. Es steht von Anfang an unter Entbehrungsbedingungen. Wo es sich zu artikulieren beginnt, stößt es auf Widerstände, die es auf Umwege treiben. Das reine Lustprinzip hat, wie das Paradies, keine historische Realität. Das so genannte Realitätsprinzip aber ist die Realität *des Lustprinzips*, denn die Realität des Triebs ist das Verspüren von Widerstand, das Gezwungensein, ihn zu überwinden, zu unterlaufen, zu umgehen, mit andern Worten: das Gezwungensein, intelligent zu werden. Der traumatische Wiederholungszwang gehört bereits zur Realität des Lustprinzips, wie umgekehrt das positive Genießen von Lust zum Realitätsprinzip; immerhin ist es ihm gelungen, Unlust fernzuhalten oder umwenden. Wie Abbau von Unlust latente Lust, so ist manifeste Lust das Latentgewordensein ihrer Störenfriede.

Was Freud *Jenseits* des Lustprinzips nennt, ist auch diesseits. Als umwendende Kraft, die, indem sie den Abbau von Unlust betreibt, auch schon am Aufbau von Lust arbeitet, ist der Wiederholungszwang der menschliche Trieb *par excellence*. Zu seiner kulturstiftenden Rolle wäre Freud aus den ihm wohlbekannten ethnologischen Forschungen das Material nur so zugefallen. Aber dort, wo er es ausbreitet, etwa in *Totem und Tabu*, ist ihm der traumatische Wiederholungszwang noch kein Thema, und dort aber, wo er ihn einführt, rekurriert er nicht auf dies Material. Er lokalisiert den traumatischen Wiederholungszwang jenseits aller Kultur und knüpft eine neue Definition von Trieb an ihn: »Ein Trieb wäre also ein dem belebten Organischen innewohnender Drang zur Wiederherstellung eines früheren Zustands« (Freud 1920g, S. 38). Die immergleichen Laichwanderungen der Fische und Wege der Zugvögel, das Durchlaufen der immergleichen Phasen vom Keim bis zum ausgewachsenen Organismus, die Trägheit des organischen Lebens als solchem – sie sind ihm Zeugen dafür, wohin der Wiederholungszwang die Organismen dränge und treibe: zu einem Zustand, »den das Lebende einmal verlassen hat und zu dem es über alle Umwege der Entwicklung zurückstrebt«. »Das Ziel alles Lebens ist der Tod« (Freud, a. a. O., S. 40). Damit ist der Todestrieb eingeführt, der nunmehr im Freudschen Spätwerk als Urtrieb alles Organischen firmiert. Lebenstriebe sind eigentlich bloß ein Versehen der Natur. Dadurch, daß Organismen zur Ausbildung von Keimzellen mutierten, fielen sie dem »Ziel alles Lebens« gleichsam in den Rükken. Der Eros ist nach dieser Vorstellung zunächst lediglich eine Selbstbehinderung des Todestriebs: nichts als dessen Umweg und Aufschub, den er sich durch die Abstoßung von Keimzellen selbst beschert hat. Sobald der Eros aber eingeführt ist, macht er auch schon die Karriere eines *shooting star*. Im Nu bekommt er den Status einer eigenen Macht, wird er als gleichwertiger Gegenspieler des Todestriebs genommen und »das Leben selbst« als »ein Kampf und Kompromiß zwischen diesen beiden Strebungen« (Freud 1923b, S. 268) dargestellt. Lassen wir die Ungereimtheiten beiseite, die unvermeidlich sind, wenn man einen Urtrieb unterstellt und ihn dann in zwei gleichwertige verdoppelt, die beide dem Gesetz des Spannungsabbaus folgen sollen, aber so gegensätzlich, daß der eine den Tod, der andere das Leben sucht, und jede konkrete Triebregung sowohl aufs Konto des einen wie des andern gerechnet, sowohl als Lust wie als Frust gedeutet werden kann.[2] Gravierender sind die beiden »Wesens«eigenschaften, die Freud dem Urtrieb beilegt: konservativ und regressiv. Sie bedeuten durchaus Verschiedenes; konservativ: sich erhalten wollen, regressiv: in einen früheren Zustand zurück wollen. Freud tut so, als liefen beide auf dasselbe hinaus, als bewiesen beide einmütig und eindeutig, daß Spannungsabbau wollen nichts anderes sei als nicht mehr leben wollen, denn Leben *sei* Spannung. Das ist aber nur die eine Seite des Spannungsabbaus. Denn sobald Spannung nicht mehr bloß die physikalische zwischen unbelebten Dingen, sondern die organische innerhalb eines belebten Körpers ist, so »will« der von nun an etwas Unmögliches: vollkommenen Spannungsabbau *erleben*. Solange man etwas erlebt, ist der Spannungsabbau nicht vollkommen, denn Spannung *ist* Leben. Ist er aber vollkommen, dann wird nichts mehr erlebt; der Körper ist tot. Die Suche nach Lust ist der Versuch, dies Unmögliche zu realisieren, und in den wenigen Momenten, wo der Abbau so störungsfrei genossen werden kann, *als sei* er vollkommen, da gibt es einen Vorgeschmack dieses Unmöglichen, da kostet man, biblisch gesprochen, von den Früchten des gelobten Landes, in das man nicht gelangt. Nicht von ungefähr hat sich der große christliche Triebtheoretiker Augustin die ewige Seligkeit als Verewigung jener Glücksaugenblicke vorgestellt, in denen das Unmögliche realisiert scheint: »wo meiner Seele erstrahlt, was kein Raum erfaßt, wo erklingt, was keine Zeit wegnimmt, wo duftet, was kein Wind verweht, wo schmeckt, was keine Sattheit verleidet, wo sich aneinanderschmiegt, was kein Überdruß auseinanderlöst« (Augustinus: *Confessiones*, X, 6 [ed.1984]).

---

[2] Daß »man dort, wo Phänomene des Masochismus, der Selbstbestrafung oder dergleichen auftauchen, sich auf die Todestrieblehre stützend, mit der Analyse aufhört und meint, schon primäre, biologisch gegebene Tatsachen vor sich zu haben«, oder daß »die Wirksamkeit der Traumzensur als Beweis für die Existenz des Todestriebs« genommen wird – das sind nur die krassesten Mißbräuche von Freudianern, die Otto Fenichel früh schon bemerkte (Fenichel 1979 [1935], S. 369-370). Das Problem ist nur: Die Eros-Todestrieb-Lehre hat gegen solch beliebige Zuschreibung keinerlei methodische Bremse. Freud ist hier im Prinzip nicht anders verfahren, nur ungleich behutsamer als seine übereifrigen Schüler.

Sofern jeder Organismus sich selbst erhalten will, ist er konservativ. Sofern er dabei aber zugleich vollkommenen Spannungsabbau sucht, ist er das Gegenteil von regressiv. Wohl ist unbelebte Materie älter als belebte. Aber Unbelebtsein nicht der Urzustand des jeweiligen belebten Körpers, als wäre er zuerst da gewesen und hätte dann erst Leben eingehaucht bekommen wie der Erdkloß den Odem Gottes. Ein belebter Körper ist von Anfang an ein Zellgebilde, eine organische Organisation, und deren Suche nach vollkommenem Spannungsabbau ist nicht Suche nach einem anorganischen Urzustand, sondern nach etwas, was noch nie war. Sie ist nicht regressiv, sondern utopisch, die christliche Idee der ewigen Seligkeit die unüberbotene Objektivation dieser Utopie. Freuds Vorstellung vom regressiven Drang alles Organischen nach Wiederherstellung eines anorganischen Urzustands entstammt hingegen einer Sphäre, die ihm in diesem Zusammenhang nicht bewußt wird: der kultischen. Der Todestrieb verhält sich wie ein opferndes Kollektiv; er will sich mit seinem Ursprung in Einklang setzen. Nur daß der reale kultische Ursprung das Maximum an Erregung bedeutet, nämlich traumatischen Schrecken, während Freud ihn mit einer Chiffre zudeckt, die ihm diametral entgegengesetzt ist: mit der Vorstellung des Ursprungs als des anorganischen Ruhezustands, in den sich alles Organische angeblich zurücksehnt. So bettet er den traumatischen Wiederholungszwang gleichsam zur Ruhe, hüllt ihn in das Gewand eines vorkulturellen Naturtriebs und läßt die blutige Grundhandlung des Kultus als etwas ganz Natürliches erscheinen: als die Selbstaufopferung, Selbstauflösung, nach der alles Fleisch von sich aus drängt. Diese Verhüllung erfüllt den Tatbestand der Verdrängung. Schon der Titel *Jenseits des Lustprinzips* läßt ja programmatisch anklingen, was Freud vorhat. Der traumatische Wiederholungszwang soll ins Jenseits des konkreten Wirkungskreises der Psychoanalyse, in die vorpsychologische Sphäre reiner Biologie und Physiologie, verbannt werden. Aus diesem Jenseits findet er von nun an nur noch so in die psychoanalytische Theorie und Praxis Einlaß, wie der latente Traumgedanke in den manifesten Trauminhalt: zensiert. Entweder explizit als Wiederholungszwang, dann aber nur noch als neurotischer, aus den psychosexuellen Störungen der ödipalen Dreieckssituation erwachsener; oder aber ruhig gestellt, chiffriert als Erscheinungsform des Todestriebs, der als in steter Mischung und Entmischung mit seinem Widerpart, dem Eros, befindlich vorgestellt wird.

Der Mischungsgedanke ist dabei ein wahrer Helfershelfer der psychoanalytischen Zensur. Er ist äußerlich genug, um keinen der beiden sich mischenden Triebe innerlich anzutasten, und Joker genug, um überall einsetzbar zu sein, wo fundamentale Gefühlsambivalenz, z. B. bei Sadismus, Masochismus, Kriegs- und Unterwerfungsbereitschaft, nach schneller Erklärung verlangt. Sogar den »Sinn der Kulturentwicklung« liefert er: »Sie muß uns den Kampf zwischen Eros und Tod, Lebenstrieb und Destruktionstrieb zeigen, wie er sich an der Menschenart vollzieht« (Freud 1930a, S. 481). Solcher Gemeinplatz ist der Preis dafür, daß Freud eine der aufregendsten Entdeckungen seines Alters nicht ernstlich an sich heranlassen konnte. Er darf den traumatischen Wiederholungszwang nur so weit einbeziehen, wie seine kulturstiftende Gewalt unkenntlich bleibt. Sonst wäre die gesamte sexualitätszentrierte, auf dem ödipalen Konflikt basierende psychoanalytische Arbeit erschüttert. Der Todestrieb ist genau die »Erklärung«, will sagen, die Chiffre des traumatischen Wiederholungszwangs, die diese Erschütterung abwehrt. Sie ist für die psychoanalytische Theorie das, was der Traum für den Schlaf ist: Hüter. Sie sorgt dafür, daß Freud auch in seinen Spätschriften eisern an der Vorstellung festhalten kann, Kultur verdanke sich einem kapitalen Sexualverbrechen und seiner Abbüßung. Weiterhin erzählt er den Mythos vom mächtigen Urvater, der alle Frauen der Horde für sich beanspruchte, alle Söhne wegscheuchte, die an ihnen ihre Brunst kühlen wollten, »sein Ende fand in einer Empörung der Söhne, die sich gegen den Vater vereinigten« und gleichwohl über die Söhne posthum siegte: »Um miteinander in Frieden leben zu können, verzichteten die siegreichen Brüder auf die Frauen, derentwegen sie doch den Vater erschlagen hatten, und legten sich Exogamie auf« (Freud 1939a, S. 239-240).

Nicht von ungefähr ist der Todestrieb nicht Freuds persönliche Marotte geblieben. Sein ambivalentes Verhältnis dazu – bloß »Spekulationen«, die »anfangs nur versuchsweise vertreten« wurden, »aber im Laufe der Zeit haben sie eine solche Macht über mich gewonnen, daß ich nicht mehr anders denken kann« (Freud 1930, S. 477-478) – hat sich auf den ganzen psychoanalytischen Diskurs übertragen. Selbst Fenichel, der am Todestrieb sowohl das Fehlen einer »somatischen Triebquelle« moniert, »die das psychische System erregbar und mit Hilfe von sensorischen Reizen tatsächlich erregt macht«, als auch die dann fällige »Veränderung an der Quelle, die der ›Abfuhr‹ der Erregung = Entspannung gleichkommt«, und es insofern für unmöglich hält, »den ›Todestrieb‹ als eine Triebart einer anderen Triebart entgegenzustellen« – er ist weit davon entfernt, »die Tatsachen wie die philosophische Tiefe, die der Freudschen Hypothese zugrunde liegen, zu leugnen«. »Sehr tief und eindrucksvoll erscheint eine biologische Verallgemeinerung des Nirwanaprinzips.« »Daß das Leben ein ›Ablauf zum Tode hin‹ ist, scheint mir zutiefst dem Wesen der Lebenserscheinungen gerecht zu werden« (Fenichel 1935, S. 364-365 und S. 370). Die dualistische Vorstellung eines durch Eros und Todestrieb gespaltenen und hin und her gerissenen Lebens hat unzweifelhaft auch bei Melanie Kleins minutiöser Analyse der frühkindlichen Aufspaltung der Mutterbrust in einen »guten« und einen »bösen« Anteil Pate gestanden und den Blick für die Mikrologie und die Bedeutung dieses Spaltungsprozesses für die Konstitution des kindlichen Selbst durchaus geschärft, also heuristisch produktiv gewirkt, ohne selbst dabei wahrer zu werden (Klein 1946). Der Todestrieb-Gedanke hat auch dann sein Gutes, wenn, sozusagen in seinem Windschatten, Psychoanalytiker bereit werden, sich vital Traumatisierten, etwa KZ-Überlebenden, zu öffnen und das eigene Trauma-Verständnis zu vertiefen, auch wenn dadurch die These, »daß das Trauma, indem es einen Zustand der Triebentmischung und der Aufhebung libidinöser Besetzungen schafft, den Todestrieb freisetzt« (Laub 2000, S. 862), nicht stringenter wird. Umgekehrt wird man nicht jeder Kritik am Todestrieb froh. Seine gesellschaftskritische »Dechiffrierung«, für die Herbert Marcuse bekannt geworden ist, besteht lediglich darin, das Freudsche Todestriebkonzept kritiklos nachzuerzählen und dann unter den Vorbehalt zu stellen, unter »nicht-repressiven Bedingungen« wäre selbstverständlich alles anders. »Wäre der erreichte Lebenszustand erfreulich und wünschenswert, so würde das der unbewußten Anziehung, die die Triebe auf einen ›früheren Zustand‹ zurückzieht, erfolgreich entgegenwirken. Die ›konservative Natur‹ der Triebe käme in einer erfüllten Gegenwart zur Ruhe. Der Tod hörte auf, ein Triebziel zu sein« (Marcuse 1955, S. 219 und S. 232). Das ist für »kritische Theorie« entschieden zu arglos.

Wie weit die psychoanalytische Praxis inzwischen die psychosexuelle Einschränkung durchbrochen und die Vorzeit des Lustprinzips in ihr Behandlungskonzept einbezogen hat, entzieht sich meiner Kenntnis. Aber eine Therapie, zu deren Gestehungskosten die Zensierung des traumatischen Wiederholungszwangs gehört, kann nicht ohne Scheuklappen sein. Umgekehrt: Die vorbehaltlose Öffnung gegenüber dem traumatischen Wiederholungszwang eröffnet der Psychoanalyse auch eine neue erkenntnis- und kulturtheoretische Perspektive, in deren Rahmen sie ganz entspannt über die Erweiterung ihrer Behandlungsmethoden nachdenken kann, etwa über ihre Definition der klinischen Situation, über Einzel- und Gruppentherapie oder über Berührungsängste gegenüber der Gestalttherapie, ohne befürchten zu müssen, ihr »Eigentliches« zu verlieren. Im Gegenteil: Eingestehen, daß nicht nur Menschen eine unbewußt gewordene »Vorzeit« haben, in deren Aufhellung die Therapie besteht, sondern daß auch das Lustprinzip selbst eine solche Vorzeit hat, heißt einen psychoanalytischen Kerngedanken auf die Psychoanalyse selbst anwenden. Psychoanalyse wird dadurch selbstbezüglich, reflexiv, und die Revisionen, die sich daraus für ihre Theorie und Praxis ergeben, führen nicht von ihr weg, sondern zu ihr hin.

III

Dabei wächst dem Gedanken der »Vorzeit des Lustprinzips« unversehens gesellschaftstheoretische Brisanz zu, wenn er auf die allgemeine Wahrnehmungs- und Erregungssituation angewendet wird, die die modernen Massenmedien erzeugen. Das lateinische Lehnwort »Sensation« bedeutete ursprünglich nichts als Empfindung oder Wahrnehmung. Heute versteht man darunter vornehmlich, was die Wahrnehmung magnetisch auf sich zieht: das Spektakuläre, Aufsehen Erregende. Eigentlich bloß eine kleine Bedeutungsverschiebung. Um die Wende vom 18. zum

19. Jahrhundert schlug sie sich im allgemeinen Sprachgebrauch Mitteleuropas nieder. Aber sie hat es in sich. Sie ist ein sprachliches Kürzel für soziale Verschiebungen, Verwerfungen, Umwälzungen größten Ausmaßes. Die moderne Gesellschaft pflügt sich um wie keine zuvor. Ihr wissenschaftlich-technischer Fortschritt hat alles untergraben, was einmal naturgegeben schien: angestammte Arbeits-, Vermögens- und Herrschaftsverhältnisse, überkommene Sitten, Rituale, Glaubenssätze, gewohnte Lebensrhythmen und -spannen, Geschwindigkeiten, Denkformen und Wahrnehmungsweisen. Nichts versteht sich mehr von selbst. Beständig ist allein das Unbeständige geworden: der Zustand einer allgemeinen Unruhe, Erregung, Gärung. In seiner Frühzeit, im 18. und 19. Jahrhundert, hatte er etwas enorm Verheißungsvolles. Mit guten Gründen konnte er als Anzeichen dafür genommen werden, daß die Menschheit sich endlich zum Ausgang aus ihrer »selbst verschuldeten Unmündigkeit« anschicke. In all dem Elend, das die industrielle Revolution mit sich brachte, tat sich zugleich die Perspektive einer neuen, vernunftgeleiteten Epoche auf, in der die Menschen so solidarisch und produktiv zusammenwirken würden, wie es ihnen die vielen aufeinander abgestimmten und ineinander greifenden Teile des großen maschinellen Räderwerks bereits vorexerzierten.

Dieser Ausblick hat sich im 20. Jahrhundert wieder geschlossen. Aber die allgemeine Unruhe und Gärung ist deshalb nicht geringer geworden. Im Gegenteil. Sie staut sich und wird um so schwerer erträglich, je mehr ihr das große Ventil fehlt, auf dessen kollektive Öffnung hin sie konzentriert werden könnte. So läßt sie nach allem spähen und greifen, was Ersatz dafür verheißt und umgehend Linderung verschafft, und alles, was fasziniert, in seinen Bann schlägt, ist dazu angetan. Es gibt Orientierung, Halt, Erfüllung – auch wenn nur für einen flüchtigen Moment. Um diesen Moment aber bis ins Unendliche zu inflationieren, steht eine ganze audiovisuelle Apparatur bereit. Sie läßt unzählige solcher Momente über die Bildschirme huschen und richtet die Wahrnehmung auf die nachhaltigen unter ihnen ab, diejenigen, die »Sensation machen«: so hervorstechen, daß sie eine bleibende Empfindung und Wahrnehmung überhaupt noch hervorrufen. Eine Flut massenmedialer Reize wetteifert darum, zu diesen Sensationen zu gehören. Niemand ist mehr erhaben über sie. Sie stehen im Begriff, zu den Orientierungsmarken und Pulsschlägen des gesamten sozialen Lebens zu werden. Was einmal das Spezialproblem von Journalisten war, nämlich Aufsehen erregende Nachrichten mitzuteilen, das wird im Zeitalter der Computer, Notebooks und Handys zu einem Existenzproblem einer ganzen Gesellschaft. Jeder wird hier nämlich tendenziell in eine kleine mobile Sendestation verwandelt. Sich ausdrücken, mitteilen, eine Ausstrahlung haben: das werden allmählich Synonyme für »senden«. In dem Maße, wie die modernen Massenmedien auf alle Individuen übergreifen, konstituieren sie einen allgemeinen Sendezwang. Wer nicht sendet, also permanent seine massenmediale Präsenz unter Beweis stellt, wird nicht wahrgenommen, und wer nicht

Präsenz unter Beweis stellt, wird nicht wahrgenommen, und wer nicht wahrgenommen wird, den gibt es nicht.

Esse est percipi (Sein ist Wahrgenommenwerden): so lautete der erkenntnistheoretische Grundsatz George Berkeleys. So, wie er gemeint war, nämlich daß die Dinge erst durch ihr Wahrgenommenwerden konstituiert werden, die Bodenschätze oder Caspar Hauser vor ihrer Auffindung durch Menschen also eigentlich noch gar nicht existiert haben können, stimmt er natürlich nicht. Um so frappierender, daß ein offenkundig falscher und zahllose Male widerlegter erkenntnistheoretischer Satz zu einer allgemeinen sozialen Gesetzmäßigkeit aufsteigt. Firmen, Parteien, Politiker richten sich schon längst danach. Zunehmend müssen es auch Durchschnittsbürger tun. Ständige Sende- und Empfangsbereitschaft über Handy und e-mail wird zur Bedingung für den Verkauf und den Erhalt der Arbeitskraft. Der Konkurrenzkampf ist in erster Linie ein Kampf ums massenmediale Wahrgenommenwerden geworden. Und wer dabei nicht untergehen will, muß hervorstechen. Die Entwicklung geht dahin, daß nur Aufsehen Erregendes noch wahrgenommen wird. Wahrnehmung des Aufsehen Erregenden wird zur Wahrnehmung überhaupt, der Extremfall von Wahrnehmung zum Normalfall. Was aber Aufsehen erregen will, muß sich auf eine bestimmte Weise mitteilen: ruckartig, schockartig. Die mediale Apparatur wirkt denn auch wie ein gigantischer Zerstäuber jener traumatischen Schocks, die einst das menschliche Sensorium konstituierten und nun, durch einen Wiederholungszwang, der in der Apparatur selbst steckt und unablässig Reize sendet, an der Distraktion und Dekomposition eben dieses Sensoriums arbeitet. Das audiovisuelle Trommelfeuer besteht aus Sensationen, die allesamt »aufgemerkt«, »hierhergesehen« rufen, etwas ganz Ungewöhnliches versprechen und das menschliche Sensorium mit verheißungsvollen Reizen überfluten, zu deren Verarbeitung sie ihm gar keine Chance lassen, weil schon die nächste Flutwelle nachkommt.

Diese Anfangsreize erfüllen den Tatbestand, den Freud »Vorlust« genannt hat. Lust fällt nicht fertig vom Himmel, und wo sie beginnt, ist sie eigentlich noch keine. Lust muß sich aus winzigen, fast unmerklichen Regungen erst allmählich aufbauen. Deshalb nennt Freud die Vorlust auch »virtuelle« Lust. Virtuell heißt »der Kraft oder der Möglichkeit nach vorhanden«. Das kann bei der Vorlust zweierlei bedeuten. Lustvorspiel oder Lustersatz. Die Grenze zwischen beiden ist fließend, der Unterschied aber entscheidend. Nichts Verheißungsvolleres als die ersten zarten Regungen einer Lust, die erst im Kommen ist. Vorlust *anstatt* Lust jedoch ist eine Verkehrung von Weg und Ziel, Mittel und Zweck, in Freuds Worten: Perversion. Perversion ist zwar alles andere als »unnatürlich«, wohl aber Ausdruck von Beschädigung. Es macht einen gewaltigen Unterschied, ob Schau- und Zeigelust Ingredienzien der Sexualspannung auf dem Wege zur Befriedigung sind oder ob sie sich zu Voyeurismus und Exhibitionismus verselbständigen und einen Ersatzgenuß verschaffen, in den Frustration und Impotenz deutlich eingezeichnet ist.

Wenn Vorlust eine Urform virtueller Realität ist, dann bedarf es keines großen Scharfsinns, um in dem, was heute freimütig *virtual reality* genannt wird, eine technologisch hochgerüstete Vorlustmaschinerie zu erkennen – mit allen Anzeichen der Verselbständigung zum Lustersatz. Im Lichte dieser Maschinerie ist der Tatbestand der Vorlust noch einmal neu durchzubuchstabieren. Freud hatte sich als alter Neurologe ja nie ausreden lassen, »daß ein Spannungsgefühl den Unlustcharakter an sich tragen muß«. »Rechnet man aber die Spannung der sexuellen Erregtheit zu den Unlustgefühlen, so stößt man sich an der Tatsache, daß dieselbe unzweifelhaft lustvoll empfunden wird« (Freud 1905d, S. 110). Spannung ist offenbar etwas stark Kontextabhängiges, Vorlust nicht etwa an sich schon lustvoll, sondern erst, wenn sie zum Ferment erotischen Begehrens wird. Und nur in dieser Hinsicht hat Freud sie thematisiert. Das ist aber nicht die einzige, nicht einmal die elementare. Zunächst ist Vorlust ganz einfach das, was *vor der Lust* ist: die »Vorzeit des Lustprinzips«. Wenn die zwanghafte Wiederholung von Schrecklichem dazu dient, vom Schrecklichen loszukommen, dann ist sie von Anfang an Abbau von Unlust – zwar wohl zu unterscheiden vom Aufbau von Lust, aber durchaus dessen Wegbereiter und Vorbote, in einem sehr wörtlichen Sinn sein Vorbild. Vorlust ist, ehe sie zum Ferment des Aufbaus von Lust wird, erst einmal Vorarbeit zu Lust, Herstellung eines Zustands relativer Erleichterung und Beruhigung. Minderung von Pein wird zum einen selbst schon dankbar empfunden und ist zum andern Bedingung dafür, daß Lust überhaupt werden kann. So untrennbar Lust vom Abbau sexueller Spannung ist, so wenig geht sie darin auf. Sie ist eine Kulturleistung, an der das ganze Sensorium des *homo sapiens* beteiligt ist.

Eine mediale Apparatur nun, die in unablässiger zwanghafter Wiederholung Anfangsreize ausstrahlt, geht dieser Kulturleistung an den Nerv. Unentwegt bahnt sie Lust an, deren Aufbau sie zugleich hintertreibt. Sie arbeitet an der Entsinnlichung der Sinne – unter dem Vorwand, genau das Gegenteil zu tun. Sollen doch raffinierte Reklameszenarien oder virtuelle Reisen unterm 3-D-Helm, wo man in einen geschlossenen audiovisuellen, durch Fingerdruck nach Gutdünken steuerbaren Raum (englisch: *cyberspace*) eintaucht, die massenmedial ausgelaugten Sinne mit neuem Erleben auffrischen. Steuern kann man da freilich nur, was durch ein Programm vorgegeben ist, und die Frische, die den Sinnen zuteil wird, ist nicht die eigene, sondern ihnen von außen eingeträufelt, und zwar höchst selektiv. Das Auge etwa wird zum alleinigen Einfallstor einer Fülle von Eindrücken, die gar nicht ihm allein gelten. Die Bewegung durch Urwälder und Schluchten, über den Meeresgrund oder Hochhausdächer, die ihm ein 3-D-Szenario beispielsweise suggeriert, wird zwar vom ganzen Organismus erlebt, aber eben bloß augenmäßig, reduziert auf ein optisches Entlanggleiten auf Oberflächen. Was der Organismus alles noch gleichzeitig tun und fühlen müßte, wenn diese Empfindung authentisch sein sollte – Krabbeln, Laufen, Balancieren, Schwitzen, Schwimmen – fällt ebenso aus wie die gesamte Verausgabung von Nerven und Geld, die die Vorbereitung solch exotischer Reisen kostet, wenn man sie wirklich unternimmt. Am Ausgleich dieses Defizits arbeitet eine ganze Erlebnisindustrie. Die Mehrkanaltonspur zum Film ist ohnehin längst Standard, an kongenialen Tast- und Geruchsempfindungen wird laboriert – und dabei unterstellt: Wenn nur alle Sinne, jeder für sich, fachmännisch behandelt würden, dann träten die Einzelempfindungen von selbst zu einem ganzheitlichen Erleben zusammen, wie es in der freien Natur oder im Dickicht der Städte nicht intensiver sein könnte.

Das Gegenteil geschieht: eine Vulgärform dessen, was Neurophysiologen zu Forschungszwecken tun, wenn sie einzelne Nervenzellen oder Zellgruppen gezielt reizen. Der Reiz kommt, das Neuron »feuert«, aber die Heftigkeit der Empfindung besteht nur in einer reflexartigen Reaktion. Entsprechend beim simultanen multimedialen Beschuß, der die Sinne »feurig« machen soll. Das »Feuer«, das er anzündet, ist Strohfeuer. Solange der Reiz dauert, flammt es, sobald er aufhört, erlischt es. Tendenziell werden die Sinne zu konditionierten Reflexen zurückgebildet, verlernen, ihre Empfindungen so zu bündeln, daß sie innere Vorstellungsbilder davon behalten, oder sich wechselseitig so in Mitleidenschaft zu ziehen, zu stimulieren und repräsentieren, daß etwa Töne als samten, Farben als schrill, Blicke als Echos erfahrbar werden. Reduziert auf bloße Reaktion, auf vereinzelte punktuelle Empfindung wird gerade die sinnliche Wahrnehmung, auf deren Intensitätssteigerung es abgesehen ist, haltlos und abstrakt. In menschlichen Urzeiten war es so, daß um traumatische Reizeinbrüche sich durch zwanghafte Wiederholung allmählich eine kulturelle Rinde bildete, worin die Empfindung vernarbte, sich verwuchs und verwob zu einem Fundus von Erfahrung. Nun beginnt der Wiederholungszwang einer auf Dauer gestellten Apparatur durch winzige Schocks, von denen jeder einzelne weit unterhalb jeder Schmerzgrenze ist, diesen Vernarbungs- und Verwebungsprozeß rückgängig zu machen. Die auf sich zurückgeworfene einzelne Empfindung mag im Moment des Reizes noch so intensiv sein – sie hat nichts mehr, worin sie Wurzeln schlagen, Bedeutung gewinnen, sich zur Leidenschaft vertiefen, sich mit andern Empfindungen zu nachhaltiger Erfahrung verbünden könnte. Sie verpufft zu diffus streunender, nicht mehr zu distinkter Wahrnehmung zusammengenommener Erregung.

Das ist besonders den Sexualszenarien abträglich, die im multimedialen Erlebnisgeschäft den Verkaufsschlager geben sollen. Die Sinne, die da angeblich als aktive Abenteurer auf sich räkelnde Schönheiten stoßen, werden faktisch zu lethargischen Paschas gemacht, massiert und gekitzelt – und reagieren bloß noch. Es heißt, sie seien »anspruchsvoller« geworden, wenn sie durch pornographische Schilderungen und Bildchen kaum mehr in Wallung zu bringen sind, vielmehr das audiovisuelle Raffinement einer ganzen Industrie dafür benötigen. Dabei ist es eher umgekehrt. Die gewünschte Empfindung wird durch gezielten Kitzel gleichsam eingeschaltet, erlischt, sobald er ausbleibt und kommt über jenen anfänglichen Reizzustand, der zu Genuß und Lusterfahrung überhaupt erst vertieft werden müßte, kaum mehr hinaus.

Die zwanghaft-mechanische Inflationierung solcher Lustanbahnung ergibt in geradezu klassischer Weise den Tatbestand des Entzugs. Ein Organismus, auf den derartige Anfangsreize lange genug einwirkt haben, kann bald nicht mehr anders, als sie selbst für das zu nehmen, was sie einleiten und verwehren. Die Surrogate werden zur Sache selbst: zu Fetischen, Suchtstoffen. Die aber werden eingenommen, um die Unlust zu vermeiden, die entsteht, wenn man sie nicht einnimmt. Sie dienen weit mehr der Unlustvermeidung als dem Lustgewinn. Die audiovisuellen Schocks, denen im high-tech-Kapitalismus kaum mehr zu entkommen ist, spielen diese Rolle mit zunehmender Intensität. Sie haben die Wirkung von kleinen psychophysischen Injektionen, die den Organismus so anfixen, daß er ohne sie eine unerträgliche Leere zu verspüren beginnt und sich ihnen um so widerstandsloser aussetzt. So arbeiten sie systematisch an der Rückbildung der Lust zur Vorlust, an der Enteignung der kulturellen Errungenschaft Lust, an ihrer schamlosen Ausbeutung durch Überreizung. Der rasante Fortschritt der Sensationsgesellschaft geht dahin, die dünne Firnisschicht der Lust auf dem Untergrund der Vorlust aufzureiben, das, was »ursprünglicher, elementarer, triebhafter« als die Libido ist, wieder hochkommen zu lassen und aus der »Vorzeit des Lustprinzips« auch seine Nachzeit zu machen. Dagegen allerdings kommt Psychotherapie allein nicht auf. Hier hilft nur gesamtgesellschaftlicher Widerstand, und zwar einer, der bereit ist, die globale kapitalistische Vergesellschaftungsform nach ihrem fulminanten Sieg über ihren sozialistischen Widersacher erneut auf den Prüfstand zu heben und zur Disposition zu stellen. Psychoanalyse handelt verantwortlich, wenn sie ihre therapeutische Praxis als Vorlust solchen Widerstands versteht; Vorlust allerdings nur im Sinne von Vorspiel, nicht von Ersatz.

Bibliographie

Augustinus, Aurelius (1984): Confessiones, lateinisch und deutsch, eingeleitet, übersetzt und erläutert von Joseph Bernhardt. Darmstadt: Wissenschaftliche Buchgesellschaft.

Bachofen, Johann Jakob (1980): Das Mutterrecht, Auswahl, hg. von H. J. Heinrichs. Frankfurt am Main: Suhrkamp

Burkert, Walter (1997): Homo Necans. Interpretationen altgriechischer Opferriten und Mythen, 2. Auflage. Berlin/New York: de Gruyter

Fenichel, Otto (1979 [1935]): Zur Kritik des Todestriebs, in: ders.: Aufsätze, Bd. I. Olten/Freiburg i. Br.: Walter.

Freud, Sigmund (1905d): Drei Abhandlungen zur Sexualtheorie. In: G. W., Bd. 5.

Freud, Sigmund (1920g): Jenseits des Lustprinzips. In: G. W., Bd. 13.

Freud, Sigmund (1923b): Das Ich und das Es. In: G. W., Bd. 13.

Freud, Sigmund (1930a): Das Unbehagen in der Kultur. In: G. W., Bd. 14.

Freud, Sigmund (1939a): Der Mann Moses und die monotheistische Religion. In: G. W., Bd. 16.

Klein, Melanie (2000 [1946]): Bemerkungen über einige schizoide Mechanismen, in: dies., Gesammelte Schriften, Bd. III. Frankfurt am Main: Frommann-Holzboog.

Laub, Dori (2000): Eros oder Thanatos. Der Kampf um die Erzählbarkeit des Traumas. In: Psyche, 54, S. 860-894.

Marcuse, Herbert (1955): Triebstruktur und Gesellschaft. Frankfurt am Main 1973: Suhrkamp.

Türcke, Christoph (2002): Erregte Gesellschaft. Philosophie der Sensation, München: Beck.

Helmut Däuker

Fortschritt und Phantomschmerz – Zum Zeiterleben in der (Post-) Moderne

Der ›Pfeil der Zeit‹ fliegt, unumkehrbar und durch nichts aufzuhalten, zumindest diesseits der Welt des unendlich Kleinen. Dem Beobachter erscheint dieser Flug jedoch nicht als etwas Kontinuierliches oder Stetiges, sondern wie durch eine schwer zu fassende Schubkraft bewegt, welche einmal beschleunigend, das andere Mal verlangsamend auf die Zeit einwirkt. Folgt man einer verbreiteten Intuition, so befinden wir uns seit einiger Zeit in einer besonders ausgeprägten Phase der Beschleunigung, wenn auch der Eindruck, daß die Zeit eile, so alt zu sein scheint, wie das Zeiterleben selbst. Ein erster Versuch, sich der speziellen ›Chrono-Logie‹ dieser Dynamik beschreibend zu nähern, führt nun zu der Beobachtung, daß das Phänomen einer mal träge und schleppend, dann wiederum hektisch und wie überstürzt verstreichenden Zeit weniger einem Naturgesetz unterworfen zu sein scheint, sondern mit der Art und Weise zusammenhängt, wie die Menschen selbst ihr soziales und ökonomisches Leben organisieren. Rückblickend drängt sich dabei ein Eindruck auf, der sich wie folgt zusammenfassen ließe: Der technologisch-industrielle Fortschritt beschleunigte sich seit etwa der zweiten Hälfte des 19. Jahrhunderts sprunghaft und hat inzwischen ein dermaßen rasantes Tempo angenommen, daß Zukunftsprognosen und Science-fiction kaum noch trennscharf unterschieden werden können. Auf zwei der vielfältigen Folgeerscheinungen, welche diese Beschleunigung mit sich bringt soll nun näher eingegangen werden, wobei beiden gemeinsam ist, daß sie im weitesten Sinne mit affektiven und emotionalen Vorgängen, also gefühlshaften Bewertungen in Zusammenhang stehen. Ich werde sie in folgenden Aussagen thesenhaft zusammenfassen: (1.) Die Menschen sind durch diese Beschleunigung in einem bisher nicht gekannten Ausmaß gezwungen, sich von Vertrautem zu verabschieden. Und (2.): Abschied nehmen bedeutet Trennung und Verlust, Verlust bedeutet Trauer, also Schmerz. Diesen Schmerz als Phantomschmerz zu bezeichnen, hätte folgenden Grund: Verliert man etwas, so ist man von dem Verlorenen, wie bei einem amputierten Glied, zwar für immer getrennt, aber als erinnerte, gleichsam unfreiwillig weiterlebende mentale Repräsentanz des Verlorenen ist dieses als Schmerz affektiv weiterhin präsent. In diesem Sinne nähme der Schmerz die Stelle von etwas ehedem Vertrauten ein. Was es mit diesem Schmerz auf sich hat, wo er sich zeigt oder versteckt, ob und wo er einen Ausdruck findet oder eine Art Schattendasein führt, darum wird es im Folgenden gehen. Da es sich dabei um eine Form von Schmerz handelt, die sich vor allem im Intensitätsgrad von demjenigen unterscheidet, der von einem gequetschten Finger, einem kariösen Zahn oder vom plötzlichen Tod eines geliebten Menschen herrührt, sollte man

Psychoanalyse im Widerspruch, 17. Jahrgang, 2005, Heft 33, S. 23-38.

nicht davon ausgehen, daß er leicht zu entdecken ist. Und weil es schließlich eine wesentliche Eigenart von Schmerz und Unlust ist, Verdrängung zu begünstigen, das heißt, das, was weh tut oder weh tun könnte, vom Bewußtsein fernzuhalten, sollte man außerdem nicht ausschließen, daß es sich um einen unbewußten Schmerz handelt. Dies scheint aber gleichzeitig eine Zumutung an Vernunft und Verstand zu sein, da ein unbewußter Schmerz, also einer, den wir bewußt nicht wahrnehmen, sich wie ein Widerspruch in sich selbst anhört. Jedoch nicht nur Sportler oder Psychoanalytiker wissen, daß es Schmerzen gibt, die einem nicht bewußt sind, etwa, wenn im sprichwörtlichen Eifer des Gefechts die Blessuren nicht zu existieren scheinen, die uns kurz zuvor noch beeinträchtigt hatten und erst danach, wenn Ruhe eingekehrt ist, wieder Zugang zum Bewußtsein finden können.

Ich werde Sie zunächst einladen, einen Blick auf das 19. Jahrhundert zu werfen und nach dem Motto »Wo etwas anfängt, da könnte man auch manches über die spätere Entwicklung erfahren«, nach Vorboten des Verlustschmerzes Ausschau halten. Meine Gewährsleute sind dabei Karl Marx, Charles Baudelaire, Friedrich Nietzsche und Johann Strauss (ich meine den Komponisten der Operette *Die Fledermaus*). Schon der Art der Zusammenstellung können Sie entnehmen, daß ich mich dabei weniger von ideologischen Erwägungen oder der Zugehörigkeit zu einem bestimmten philosophischen oder weltanschaulichem Lager habe leiten lassen, sondern davon, daß ich jeden der vier auf seine Weise als eine Art von Experten im Hinblick auf Schmerzwahrnehmung betrachte. Daß diese kleine und subjektive Auswahl aus einem potentiell riesigen Personenkreis wohl kaum als repräsentativ im statistischen Sinn betrachtet werden kann, liegt auf der Hand.

Ich beginne mit Marx, und zwar mit einem Zitat aus den sog. *Ökonomisch-philosophischen Manuskripten* von 1844. Marx umreißt hier mit drei Sätzen, sozusagen im Kompaktverfahren, sein Bild vom Menschen als einem sinnlichen, mit Gefühlen und Sinnlichkeit ausgestatteten Wesen: »Sinnlich sein ist *leidend* sein. Der Mensch als ein gegenständliches sinnliches Wesen ist daher ein *leidendes* und, weil sein Leiden empfindendes Wesen, ein *leidenschaftliches* Wesen. Die Leidenschaft, die Passion ist die nach seinem Gegenstand energisch strebende Wesenskraft des Menschen« (Marx 1977, S. 579). Gleich fünfmal kommt ›leiden‹ vor. Zufall oder eine durch das Stilmittel ständiger Wiederholung beabsichtigte Verdeutlichung? Wenn Marx, der ja wahrlich nicht zu den philosophischen Melancholikern gehörte, das menschliche Wesen nach seiner gefühlshaften Seite hin als dermaßen mit Leiden belastet ansah, dann läßt sich mühelos nachvollziehen, warum seine Hauptforderung lautete, man müsse wenigstens die ökonomisch-gesellschaftlichen Ursachen von Schmerz verringern, wenn die Menschen überhaupt eine Chance auf ein menschenwürdiges Leben wahren wollen. Übrig bliebe immer noch genug Leid, schon deshalb, da wir ja von den Gegenständen unserer Sinnlichkeit wie von dem, was Wunsch und Bedürfnis anvisieren, oft genug getrennt sind. Leiden wäre darüber hinaus wie eine

Art Motor zu sehen, der die menschliche Lebenstätigkeit antreibt, vergleichbar der Freudschen Libido. So wie diese erst in der Befriedigung erlischt, um erneut den Kreislauf von Wunsch und unmöglicher Erfüllung anzutreiben, so zwänge das Leiden zur ständigen Unruhe einer Flucht weg vom Zustand des Leidens selbst. Marx ist sich hier mit Kant einig, der es so ausgedrückt hat: »[...] der Schmerz ist immer das Erste [...]. Der Schmerz ist der Stachel der Tätigkeit und in dieser fühlen wir allererst unser Leben; ohne diesen würde Leblosigkeit eintreten« (Kant 1995, S. 551). Wenige Jahre später – und damit nehme ich den Bezug zur Eingangsthese wieder auf – beschreiben Marx und Engels ein Wesensmerkmal, welches den industriellen und gesellschaftlichen Entwicklungsprozeß selbst auszeichnet. Sie beschreiben einen Prozeß, der damals wie heute mit dem zuversichtlich stimmenden Begriff ›Fortschritt‹ etwas bezeichnen soll, dessen charakteristische Eigenart die Bewegung ist: das Fortschreiten eben. Es handelt sich um eine Passage aus dem *Kommunistischen Manifest*, deren Aktualität man sich kaum verschließen kann, wird doch mit einer bemerkenswerten prognostischen Kraft hier ein Zustand beschrieben, den wir heute mit dem Stichwort ›Globalisierung‹ verbinden. Damit sind wir am Kern des Problems angelangt. »Alle festen eingerosteten Verhältnisse mit ihrem Gefolge von altehrwürdigen Vorstellungen und Anschauungen werden aufgelöst, alle neu gebildeten veralten, ehe sie verknöchern können. Alles Ständische und Stehende verdampft, alles Heilige wird entweiht, und die Menschen sind endlich gezwungen, ihre Lebensstellung, ihre gegenseitigen Beziehungen mit nüchternen Augen anzusehen« (Marx/Engels 1999, S. 47-48). Und was zeigt die von Marx mit nüchternem Blick diagnostizierte Auflösung in Permanenz? Eine Welt des Verschwindens, die ihren Bewohnern die Alltäglichkeit von Abschied und Verlust vor Augen führt – wobei man natürlich zu recht fragen muß, ob die Menschen diesen Verlust überhaupt wirklich als schmerzlich empfinden. Schließlich können Abschiede und Trennungen ja auch etwas ungemein Befreiendes haben. Ich stelle diese Frage zunächst zurück und komme zum zweiten ›Experten‹:

Charles Baudelaire, 1821 geboren, 1867 gestorben. Seine Gedichte und Essays, vor allem *Die Blumen des Bösen* (im Original: *Les fleurs du mal*) artikulierten persönliche Wahrnehmungen auf eine Weise, welche literaturgeschichtlich von epochaler Bedeutung sein werden. Man muß demnach davon ausgehen, daß in ihnen etwas sprachlich zum Ausdruck gebracht wird – im wörtlichen wie im übertragenen Sinne etwas Affektives ›verdichtet‹ wird – das die Menschen damals wie heute gefühlsmäßig angeht. Baudelaire, der den Schmerz übrigens seinen »Freund« nennt, schreibt Gedichte, in denen lyrisch umgesetzt scheint, was Marx in Prosa gesetzt hat: Was bei diesem verdampft, sich auflöst, entweiht wird, setzt Baudelaire in Beziehung zu einem für den modernen Menschen spezifischen Erleben von Zeit und Vergänglichkeit. Heutige Interpreten wie Karl Heinz Bohrer sprechen deshalb davon, daß Baudelaire eine Form von Vergänglichkeit beschrieben habe, welche erst die Moderne kenne. Und für diese in der Moderne einsetzende Zeitwahrnehmung sei der »Bewußtseinsschmerz« charakteristisch (s. Bohrer 1996, S. 338). Was könnte damit gemeint sein? Zunächst ein Blick auf jene Gedichtzeilen, mit denen Baudelaire den »Feind« in seiner ganzen Größe würdigt: »Oh Schmerz, oh Schmerz! Die Zeit frißt das Leben, und der finstere Feind, der uns das Herz zernagt, wächst und gedeiht vom Blut, das wir verlieren.«

Es liest sich wie ein Beispiel für die eben behauptete Aktualität Baudelaires, wenn in einem Erzählband von Elke Heidenreich mit dem bezeichnenden Titel: *Der Welt den Rücken* der Satz steht: »Die Zeit heilt nicht alle Wunden, die Zeit *ist* die Wunde.« Eine weitere Zeile aus einem Gedicht Baudelaires beschreibt den Zusammenhang von Zeit und Vergänglichkeit so: »Das alte Paris ist nicht mehr (die Gestalt einer Stadt wechselt rascher, ach! Als das Herz eines Sterblichen).« Wohlgemerkt, Baudelaire beschreibt kein Dorf mit Fachwerkhäusern, deren Dächer durch Satellitenschüsseln verunziert werden, keinen abgeholzten Wald und auch keinen begradigten Flußlauf. Er beschreibt eine Großstadt, die sich so schnell verändert, daß sein »Herz« diesem Tempo nicht mehr folgen kann. Man könnte einwenden, dies habe ja für den damaligen Großstädter gegolten, also eine deutliche Minderheit der Bevölkerung. Nur, inzwischen ist es so, daß seit etwa zwei Jahren zum ersten Mal in der Menschheitsgeschichte weltweit mehr Menschen in Städten als in Dörfern leben. Was sich dabei veränderte, könnte man mit Musil als ein Gefühl beschreiben »wie wenn die alte untüchtige Menschheit auf einem Ameisenhaufen eingeschlafen wäre, und als die neue erwachte, waren ihr die Ameisen ins Blut gekrochen, und sie muß seither die gewaltigsten Bewegungen ausführen, ohne dieses lausige Gefühl von tierischer Betriebsamkeit abschütteln zu können« (Musil 1981, S. 39).

Baudelaire scheint an ein Grundgefühl zu rühren, das damit zu tun hat, wie Zeit und Veränderung in der Moderne selbst erlebt werden: als Gleichzeitigkeit von Sein und Abschiednehmen. Sich dessen bewußt zu werden hieße, mit dem damit zusammenhängenden Schmerz in Berührung zu kommen, mit einem Schmerz, der daraus entspringt, daß Gegenwart als etwas empfunden wird, das nicht nur im bekannten Sinne immer schon Übergang in die Zukunft ist, sondern als ob Gegenwart sich immer auch anfühle wie Abschied und Verlust. Weil das, was Baudelaire noch als subjektive Erfahrung eines Außenseiters beschrieben hat, jetzt zum Massenphänomen geworden ist, erstaunt es nicht, daß Gegenreaktionen eingesetzt haben: man könnte sie Jugendlichkeitswahn, Erinnerungskultur oder, mit fast schon realitätsverleugnendem Trotz ›anti-aging‹ nennen.

Nun zu Nietzsche. Auch er Experte insofern, als er zeitlebens quälende, oft über Tage und Wochen anhaltende, schwere Migräneattacken mit rasenden Kopfschmerzen auszuhalten hatte, und der trotzdem – oder deswegen – ein geradezu intimes Verhältnis zum Schmerz entwickelt hat. Er nennt ihn: »Mein Hund. – Ich habe meinem Schmerze einen Namen gegeben und rufe ihn ›Hund‹, – er ist ebenso treu, ebenso zudringlich und schamlos, ebenso unterhaltend, ebenso klug, wie jeder andere Hund – und ich kann ihn anherrschen und meine bösen Launen an ihm auslassen: wie es Andere mit ihren Hunden, Dienern und Frauen machen« (Nietzsche 1999, Bd. 3, S. 547-548). Doch es ist Nietzsche weitaus ernster mit dem Schmerz, als diese Zeilen anzudeuten scheinen. Er notiert: »Erst der grosse Schmerz ist der letzte Befreier des Geistes [...] Erst der grosse Schmerz, jener lange, langsame Schmerz, der sich Zeit nimmt, in dem wir gleichsam wie mit grünem Holze verbrannt werden, zwingt uns Philosophen, in unsere letzte Tiefe zu steigen, und alles Vertraute, alles Guthmütige, Verschleiernde, Milde, Mittlere, wohinein wir vielleicht vordem unsere Menschlichkeit gesetzt haben, von uns zu thun. Ich zweifle, ob ein solcher Schmerz ›verbessert‹ –; aber ich weiss, dass er uns vertieft« (a. a. O., Bd. 3, S. 350). Das ist nicht weit entfernt von Viktor v. Weizsäckers Gedanken aus *Die Schmerzen. Stücke zu einer medizinischen Anthropologie*, wo er schreibt, daß »die Wahrnehmung des Schmerzes« verwandelt werde in »eine Kritik der Wirklichkeit, in ein Instrument der Scheidung von echt und unecht« (vgl. Christians 1999, S. 56). Aber Nietzsche geht wesentlich weiter und wenn man folgendes liest, begreift man schnell, weshalb die Nationalsozialisten ihn mühelos als Stichwortgeber nutzen konnten: »Wer wird etwas Grosses erreichen, wenn er nicht die Kraft und den Willen in sich fühlt, grosse Schmerzen zuzufügen? Das Leidenkönnen ist das Wenigste: darin bringen es schwache Frauen und selbst Sclaven oft zur Meisterschaft. Aber nicht an innerer Noth und Unsicherheit zu Grunde gehen, wenn man grosses Leid zufügt und den Schrei dieses Leides hört – das ist gross, das gehört zur Grösse« (Nietzsche 1999, Bd. 3, S. 553). Die Botschaft scheint eindeutig, fast schon wie ein Rezept, wie mit Leiden umzugehen sei. Es kommt ihm dabei nicht auf die Fähigkeit an, Leiden ertragen zu können, diese müsse im Gegenteil als ein Zeichen der Minderwertigkeit betrachtet werden, für welche wiederum Frauen und Sklaven, auf eine Stufe gestellt, mit unverhohlener Herabsetzung als Beispiel herhalten müssen. In schärfstem Kontrast zu allen Positionen, die sich an einer Idee des Solidarischen oder des Mitgefühls orientieren, propagiert Nietzsche: Wenn schon der Schmerz ebenso unverzichtbar wie unabänderlich ist, so sollte man doch eher zu den Schmerzzufügern als zu denen gehören, die ihn erleiden. Und folgt man Nietzsches unheimlicher Logik, dann müßte der Folterer mehr ertragen und ertragen können als sein Opfer. Nun könnte man dies als philosophisches Berserkertum von jemand abtun, dessen Ziel ›Übermensch‹ hieß, was immer das sein mag. Beklemmend ist nur, daß im 20. Jahrhundert auf grauenhafte Weise Realität geworden ist, was sich hier noch wie die gedankliche Vorbereitung für einen zum Programm erhobenen Sadismus liest. Einige Zitate aus Himmlers Reden vor höheren SS- und Polizeiführern zeigen bis in die Wortwahl hinein, mit welcher Selbstverständlichkeit Nietzsches ›Größenphantasien‹ gleichsam als Handlungsanleitung begriffen wurden: »Dies durchgehalten zu haben« – gemeint ist der Anblick Hunderter und Tausender fabrikmäßig Ermordeter – »und dabei – abgesehen von Ausnahmen menschlicher Schwäche – anständig geblieben zu sein, das hat uns hart gemacht. Dies ist ein niemals geschriebenes und niemals zu schreibendes Ruhmesblatt unserer Geschichte.« Oder: »Wir wissen wohl, wir muten euch ›Übermenschliches‹ zu, wir verlangen, daß ihr ›übermenschlich unmenschlich‹ seid« (Arendt 1990, S. 204). Vergessen sollte man nicht, daß man bei Nietzsche auch dies lesen kann (was von den Nazis natürlich unterschlagen wurde): »Es gibt keine unverschämtere und stupidere Bande in Deutschland als diese Antisemiten [...]. Ekel! Ekel! Ekel!» (Nietzsche 1999, Bd. 12., S. 321). Oder: »[S]einen Neid gegen die Geschäfts-Klugheit der Juden unter Moralitäts-Formeln zu verstecken ist antisemitisch, ist gemein, ist plump canaille» (ebd., S. 494). Ebenso, wenn er von der »haßschnaubende[n] Verdummungsparole ›Deutschland Deutschland über Alles‹« sprach (ebd., S. 55). Seine Verherrlichung zwischenmenschlicher Gewalt relativiert dies keineswegs.

Zurück zu Nietzsches Betrachtungen über den Schmerz: »Der Schmerz ist das wahrhafte Sein d. h. Selbstempfindung« (Nietzsche 1999, Bd. 7, S. 202), heißt es 1871. Sich selbst wahrhaft spüren hieße demnach, sich gleichsam in einen Schmerzzustand begeben zu müssen. Es gehört nicht viel Phantasie dazu, hier die Ursachen und Ankündigungen einer sich früher oder später unweigerlich entladenden Destruktivität auszumachen. Denn schließlich wird derjenige, der sich gepeinigt fühlt, irgendwann zu den Mitteln der Gewalt greifen, um dem Schmerzzustand ein Ende zu bereiten. Wer ist schon resistent gegenüber der Verlockung, andere für eigenes Leid verantwortlich zu machen und folglich die Beseitigung des Anderen als Heilmittel gegen den Schmerz oder zumindest für dessen Linderung zu propagieren? Doch wie kommt es, daß der Schmerz, wie schon bei Marx und Baudelaire, sich mit einer derartigen Dominanz in deren Denken drängen konnte? Es ist, als hätten alle drei mit dem Schmerz eine für ihre Zeit aufschlußreiche anthropologische Konstante benannt, also etwas, mit Hilfe dessen sich ein wesentlicher Zugang zum Denken, Fühlen und Handeln der Menschen eröffnet. Wiederum sei ein kleiner Aufschub gestattet, bevor ich dieser Frage weiter nachgehe, schließlich fehlt in der Liste der von mir zu Schmerzexperten ernannten noch:

Johann Strauss, dessen Operette *Die Fledermaus* seit ihrer Uraufführung 1874 nicht nur immer wieder gerne gesehen und gehört wird, sondern zu den Favoriten des Genres überhaupt zählt. Strauss hat sich nun gerade nicht wie die drei zuvor genannten auf den Schmerz bezogen, im Gegenteil, sein europaweiter Erfolg als Walzerkönig zeichnet ihn eher aus als jemanden, dessen Anliegen die angenehmen Seiten des Lebens sind. Besser wäre es deshalb zu sagen: Strauss bietet das nötige Kontrastprogramm. Anders als Nietzsche, propagiert er nicht die ungemütliche Forderung, durch und im Schmerz zum wahrhaften Sein durchzudringen und sich dann, frei von Gewissensbissen, für diese ›Größe‹ mit einem durch den eigenen

Schmerz legitimierten Quälen Anderer zu entschädigen. Strauss flankiert diese Strategie sozusagen durch ein Angebot für jedermann, zu dem wahlweise greifen kann, wem der nietzscheanische Weg zu beschwerlich erscheint. Eine Arie aus der *Fledermaus* präsentiert es so:

Trinke Liebchen, trinke schnell,
Trinken macht die Augen hell.
Sind die schönen Äuglein klar, siehst du alles licht und wahr.
Siehst, wie heiße Lieb, ein Traum,
Der uns äffet sehr
Siehst, wie ew'ge Treue Schaum –
Sowas gibt's nicht mehr!
Flieht auch manche Illusion
Die dir einst dein Herz erfreut,
Gibt der Wein dir Tröstung schon
Durch Vergessenheit.

Und an dieser Stelle kommt jetzt jener Vers, der alle Operettenweisheit gleichsam auf den Begriff bringt, ein Zweizeiler, der das ganze programmatisch abrundet:

Glücklich ist, wird vergißt,
Was doch nicht zu ändern ist.

Was zunächst aussieht wie die altbekannte Formel, daß, frei nach Wilhelm Busch, wer Sorgen hat, auch Likör habe und davon auch Gebrauch machen sollte, propagiert nicht nur das zeitlos aktuelle Standartverfahren, Schmerz durch Alkohol oder Drogen zu betäuben. Der angetrunkene Zustand ist vielmehr die notwendige Dosis Betäubung, die es braucht, um mit klarerem Blick das Schmerzliche überhaupt auf erträgliche Weise wahrnehmen zu können – »Trinken macht die Augen hell. Sind die schönen Äuglein klar, siehst du alles licht und wahr.« Liebe, Treue, Illusionen, vergiß es, so das Resümee, nichts hat Bestand, alles verdampft, als hätten Marx und Engels mit dem Kommunistischen Manifest Pate gestanden. »Glücklich ist, wer vergißt« – ein Slogan, dem man heute angesichts wachsender Angst vor einer zunehmenden ›Alzheimerisierung‹ eher mißtrauisch, mit dem entsprechenden Vertrauen in die Vergessenspillen genannten, gerade in neurowissenschaftlichen Laboratorien ausgedachten Schmerz- und Angstentsorger aber auch verhalten hoffnungsfroh gegenübersteht – verspricht auf schlagende Weise, daß das Vergangene einem nichts mehr anhaben kann, daß weder Abschied noch Verlust schmerzlich sein müssen. Das Phantom wäre besiegt.

Soweit das 19 Jahrhundert, die Zeit, als die Beschleunigung verschärft einsetzte. Ich komme zurück zur Eingangsthese, in der von jenem ständigen Abschiednehmen-müssen die Rede war, das der technologische Fortschritt mit sich bringe und die Frage war, welche Rolle ein damit verbundener Schmerz spielen könnte. Worauf beziehen sich die Abschiede, die Verluste? Einmal die vertraute Umgebung. Um 1907 lebte schon etwa die Hälfte der Deutschen nicht mehr an dem Ort, wo sie geboren wurden und das kann als durchaus repräsentativ für die Bevölkerung Europas gelten. »Das Hauptmerkmal der Individuen in einer Massengesellschaft ist nicht Brutalität oder Dummheit oder Unbildung, sondern Kontaktlosigkeit und Entwurzeltsein«, schreibt Hannah Arendt (1986, S. 513). Begriffe wie Entwurzelung, Unbehaustheit oder Ungeborgenheit sind nun aber für heutige Ohren zum Klischee herabgesunkene Verfallsformen einer früher einmal als aufwühlend empfundenen Zustandsbeschreibung. Was sie jedoch reflektieren, ist immer Verlust von etwas, und man sollte hier zunächst fragen: handelt es sich dabei überhaupt um den Verlust von etwas, das für die Vielen real existiert hat? Die Klage darüber, daß die Welt kein heimeliger und sicherer Ort sei, ist schließlich keine Erfindung der Moderne. Verlusterleben erscheint schlicht zeitlos. Was allerdings neu ist, ist das Tempo, in dem die Verluste aufeinander folgen und ertragen werden müssen. Nicht nur von der vertrauten Umgebung, den Menschen, auch davon, was man ›Sitten und Gebräuche‹ nennt. Ebenso aber auch schlicht von Gegenständen des täglichen Gebrauchs, was natürlich ein zunehmendes Müllentsorgungsproblem nach sich zog. Äußere Verluste, könnte man denken, aufgewogen zudem durch das ja wirklich oft auch bessere, praktischere oder als Befreiung erlebte Neue. Mit diesen Verlusten könnte man ja irgendwie fertig werden, kompensatorisch beispielsweise die alte Jacke liebevoll auftragen, Münzen, Bücher oder Schallplatten sammeln, überhaupt sammeln, sich für die regionale Geschichte interessieren, Rituale pflegen usw. Doch es scheint nur, als würde der überall gegenwärtige Abschied vor dem Inneren der Personen Halt machen. In Wahrheit ist er schon lange vorgedrungen in einen Bereich, den wir unsere Identität nennen. Ein Subjekt zu sein mit einer festen, eigenen, in der Regel im Beruf verankerten Identität, das scheint ein tiefes Bedürfnis zu sein, ein Bedürfnis nach innerer Heimat sozusagen. Wer sich in deren Besitz weiß, fühlt sich emotional gewappnet gegen die ständigen Veränderungen, welche die Moderne mit sich bringt, mag auch eine Minderheit genau darin eine Befreiung gesehen haben, keine Identität haben zu müssen. Nietzsche und Baudelaire haben dagegen noch schockartig an Leib und Seele erlebt, was es heißt, sich den gesellschaftlichen Triebkräften ganz zu überlassen und ohne feste berufliche oder sonstige Identität die eigene Biographie als Wagnis und Projekt zu begreifen. Es wäre verkürzt, wollte man ihre Sensibilität für das Schmerzhafte mit einer unglücklichen Kindheit oder Familiengeschichte erklären. Hinweise gäbe es, beide verloren zum Beispiel im Alter von vier bzw. sechs Jahren den Vater. Beide haben sich dem Schmerz gegenüber aber gerade nicht verschlossen, da sie, wie freiwillig auch immer, offen dafür waren, daß das latent kursierende Schmerzliche bei ihnen eine Art innerer Resonanz fand. Wie auffallend viele der künstlerischen Avantgarde des 19. Jahrhunderts durchlitten sie exemplarisch die Leiden des modernen Subjekts. Beide erfahren, was es heißt, in einem erst in der Moderne möglich gewordenen Sinn ›radikal frei‹ zu sein, das heißt, weder durch Herkunft, Familie, Religion, Nation, Beruf oder Ehe, die ja einmal Bund fürs Leben hieß, gebunden zu sein. Ein Grund, warum Nietzsche gerade für die Postmoderne so aktuell werden konnte, hängt damit zusammen, daß er es war, der Identität als etwas begriff, das ständig neu entworfen sein wollte. Daß Identität wie alles Feste, Gewordene, Überkommene in Frage zu stellen sei und deren großer Gegenspieler, die Differenz – jener Zentralbegriff der Postmoderne – als das Vorrangige zu gelten habe. Und wiederum ist es der Schmerz, der dabei eine zentrale Rolle spielt: Heißt dies doch, bereit zu sein, immer wieder Abschied zu nehmen, diesmal nur von sich selbst. Dazu kommt ein Aspekt von vielleicht noch größerer Bedeutung. Wenn der eigene Lebensentwurf nicht mehr von außen vorgegeben wird, wenn die eigene Biographie Projekt und Wagnis sein soll, wenn also, nach dem bekannten Sprichwort, jeder seines Glückes Schmied ist, dann kommt dem Schmerz deshalb eine zentrale Rolle zu, weil die Schmerzerfahrung die vakant gewordene Stelle eines Kriteriums für Echtheit, Wahrheit und Authentizität ausfüllen muß. Nur der Schmerz ist jenes Korrektiv, das Wunschdenken nicht überhand nehmen läßt und nur das Ertragen des Schmerzes verleiht jene Kräfte, die den Schmied erst schmieden. Schmerz wird »Erziehungsschmerz«, wie V. v. Weizsäcker sagt (vgl. Christians 1999, S. 261).

Baudelaire sagt es poetischer, indem er eine uns allen vertraute Situation beschreibt: Eine beliebige Großstadtszene nämlich, mit kommenden und verschwindenden Passanten, er selbst als Beobachter. Das Gedicht heißt: *An eine, die vorüberging* und die erste und letzte Zeile lauten so: »Betäubend heulte die Straße rings um mich. Hochgewachsen, schlank, in tiefer Trauer, hoheitsvollem Schmerz, ging eine Frau vorüber.« Der Schluß: »Denn ich weiß nicht, wohin du enteilst, du kennst den Weg nicht, den ich gehe, o du, die ich geliebt hätte, o du, die es wußte.« Die Passantin, die ebenso schnell wieder in der Menge verschwunden ist, wie man sie wahrgenommen hat und doch eine emotionale Erschütterung hinterläßt, sie steht für zweierlei. Einmal: Lieben und Verlust rücken beängstigend nahe zusammen und man muß nicht auf stetig steigende Scheidungsraten verweisen oder mit einer Erwähnung des modisch gewordenen Begriffs vom Lebensabschnittsbegleiter die Binsenweisheit wiederholen, daß heute Bindung und Trennung zusammengehen wie das auch hierzulande befürchtete heuern und feuern. Ein kurzer Blick auf Ergebnisse der psychoanalytischen Bindungsforschung, in denen untersucht wird, wie kleine Kinder auf eine Trennung von der Mutter reagieren, zeigt es ebenso: Festgestellt wurde, daß sogenannte ›unsicher gebundene‹ Kinder nach einer Trennung von der Mutter bei deren Wiedererscheinen so gut wie keine Anzeichen von Trennungsschmerz erkennen lassen – im Unterschied zu sogenannten ›sicher gebundenen‹, die oft weinen, sich aber schnell trösten lassen. Mißt man aber Blutwerte und andere Streßparameter, so fällt auf, daß die unsicher gebundenen Kinder unter starkem physiologischem und emotionalen Streß stehen. Sie sind pseudo-autonom, so erscheint es dem Beobachter und sie wissen nichts von ihrem inneren Schmerz, der sich dennoch gleichzeitig im Körperlichen in Gestalt unbewußter Streßreaktionen manifestiert und zu etablieren droht. Ungerecht wäre es, den Müttern dafür die Schuld zuzuweisen, folgen sie doch nur ebenso unbewußt einem Beziehungsmuster, das durch die gesellschaftliche Realität vorgegeben ist. Kurz, zu fragen wäre folgendes: Wenn wir den Trennungs- und Verlustschmerz angesichts von so viel Fortschritt und Beschleunigung nicht mehr wahrnehmen, tragen wir dann einen unbewußten Phantomschmerz in uns, ein eigenartig bizarres, fremdartiges Ding? Vielleicht drohen wir ja alle mehr oder weniger zu jenen unsicher gebundenen Kindern zu werden, welche die Liebe scheuen, sich also davor schützen müssen, zu lieben, weil sie unbewußt den Schmerz der Trennung antizipieren? Aber wohin dann mit dem Bedürfnis, dem Drang zu lieben, der doch viel zu stark ist, als daß er ignoriert werden könnte. Er wird sich andere ›Objekte‹ suchen müssen: Schönheit, Besitz, oder vielleicht Tiere?

Baudelaires Passantin steht aber noch für einen zweiten Aspekt, der mit dem vorhin schon erwähnten Identitätsproblem zusammenhängt. Sie steht dafür, daß wir selbst uns so schnell wieder zu verlieren drohen, wie wir uns nahe kommen. Im Strom wechselnder Ereignisse, Berufe, Lebensorte, Partnerschaften, Identitäten müssen wir gleichsam von uns selber öfter Abschied nehmen als wir emotional verkraften können. Paul Claudel hat dies am Beispiel von Arthur Rimbaud, vierunddreißig Jahre jünger als Baudelaire und von ihm beeinflußt, treffend beschrieben: »Er [Rimbaud, H. D.] ist auf ewig auf die Einsamkeit, die Armut und diese wilde Pflicht vereidigt, sich von allen Verbindungen durch einen ständigen Abschied loszureißen.« Das sprichwörtlich ›Unbehauste‹ des modernen Subjekts, seine Vereinzelung, seine Ängste und Getriebenheit spiegeln diese von den Verhältnissen geforderte Flexibilisierung, die Bereitschaft also, sich selbst immer wieder neu zu begreifen, umzudefinieren, neu zu entwerfen. »Ein Drittel der Beschäftigten in den Vereinigten Staaten von Amerika hat auf seinem jetzigen Arbeitsplatz in seiner derzeitigen Firma weniger als ein Jahr verbracht. Zwei Drittel sind weniger als 5 Jahre in ihrem jetzigen Beschäftigungsverhältnis« (Baumann 1999; vgl.: Schneider 2003, S.229). Ähnlich in England: Nur noch 30 Prozent der Jobs fallen auf die früher üblichen Anstellungen fürs Leben und der Prozentsatz fällt weiterhin rasant (ebd.). Beweglich zu bleiben wird somit zu einer Frage des Überlebens und nur wer sich schnell genug bewegt, kann das Fortschrittstempo halten – und er spürt den Schmerz nicht, wird dieser doch gleichsam in Bewegung umgesetzt. Daß sich heute kaum noch jemand über die damit verbundenen Folgen für unser Gefühlsleben zu erregen mag wie Baudelaire oder Nietzsche, sollte man nicht mit einer im Vergleich zu damals gewachsenen Gelassenheit verwechseln. Wahrscheinlicher ist, daß infolge Dauerbelastung gleichsam das Organ ermüdete, um den damit verbundenen Verlustschmerz noch in seinem vollen Umfang wahrnehmen zu können. Was damit droht, könnte man versuchsweise als ›Absinken ins Physiologische‹ beschreiben. Regelmäßiges Joggen als Prävention und Therapie gegen die neue Volkskrankheit Depression erscheint da geradezu als Mittel der Wahl.

Damit komme ich endgültig zur Jetztzeit, zur Post- oder Post-Postmoderne, wie es ja schon heißt. Auch hier ist das Tempo unerbittlich. Zunächst schien deren Programm wie geschaffen, um aus der Not des ständigen Wechsels die Tugend des in freier Selbstbestimmung sein Leben gestaltenden Individuums zu machen. Gerade die Veränderung, das Prozeßhafte, das Offene und der geweitete Raum für das Individuelle und Singuläre wurden als der große Fortschritt gesehen. Auch hier wäre es ungerecht, die Postmoderne lediglich als gedanklich umgesetzten Reflex auf die von den Verhältnissen geforderte Flexibilisierung zu sehen, von Sennet (1998) jüngst in *Der flexible Mensch* beschrieben. Zeigt doch nicht nur die Geschichte des Marxismus etwa, daß die sogenannten großen Entwürfe ebenso große Gefahren bergen. Aber daß die Postmoderne schon wieder ein alter Hut ist, ist letztlich ein Beleg unter anderen dafür, wie sich die Geschwindigkeit verschärft hat, ohne daß Kräfte in Sicht wären, die diesem Prozeß ein menschengerechtes, fast möchte man sagen: artgerechtes Tempo zu geben imstande sind. Im Jahr 2000, in dem man wegen des Milleniums verständlicherweise sensibilisiert auf Zeitwahrnehmung war, konnte man im Feuilleton der FAZ folgendes lesen: »Es ist verwunderlich, wie sehr die technologische Elite des neuen Jahrhunderts ins Vorvergangene zurückgreift. Bill Gates, der Leonardo da Vinci und Kunstwerke mit Copyright sammelt, und damit die Geschichte seines Selbstbewußtseins erzählt. Craig Venter, der Entzifferer des Genoms, der die Entdeckungsfahrt von Christoph Kolumbus in einem Einmannsegler nachmacht. Ray Kurzweil, der einflußreiche Chronist der technologischen Revolution (und Inhaber unzähliger Patente), der seinen Computer Shakespeare-Gedichte nachempfinden läßt. Daniel Hillis, der Konstrukteur der Supercomputer, baut eine mechanische Uhr, die zehntausend Jahre funktionieren soll. ›das wird‹, so sagt er, ›mein eigenes, kleines Stonehenge‹. Und schließlich Nathan Myhrvold, ›the brain of Gates‹ (›das Gehirn von Gates‹) der umfangreiche Expeditionen zum Leben der Dinosaurier betreibt«, so Frank Schirrmacher in der *Frankfurter Allgemeinen Zeitung* vom 23. Mai 2000. Eigenartig, der bekannteste Milliardär unserer Tage und die technologische Elite des angehenden 21. Jahrhunderts scheinen von einem unstillbaren nostalgischen Verlangen nach ›Vorvergangenem‹ und Geschichte ergriffen. Es ist, als müsse sich ihr Gemüt bei Stonehenge, Shakespeare, Dinosauriern und Uhren, die 10 000 Jahre ticken von dem ständigen Abschied nehmen erholen, zu dem sie selbst mit Kräften beitragen. In den Worten Ray Kurzweils in der *Frankfurter Allgemeinen Zeitung* vom 5. Juli 2000: »Technologie wächst von Natur aus [!] exponentiell [...] Der erste Schritt in der technologischen Evolution – Steinwerkzeuge, Feuer, das Rad – war in etwa zehntausend Jahren getan, und seitdem hat sich das Tempo immer nur verschärft. Heute geht es von einem Paradigma zum nächsten innerhalb weniger Jahre [...] Wie erleben derzeit alle zehn Jahre einen Paradigmenwechsel. Aber weil wir die unablässige Beschleunigung nicht mitberechnen, nehmen wir intuitiv an, dass auch das künftige Fortschrittstempo dem der letzten Jahre entspricht.«

Die Formulierung, die Technologie wachse exponentiell, und zwar »von Natur aus«, ist ein bezeichnender Hinweis darauf, daß von einem quasi naturwüchsigen Prozeß ausgegangen wird, dem die Menschen wie dem Wechsel der Jahreszeiten ausgeliefert wären. Daß wir es sind, welche die Technologien erfinden, entwickeln, in Praxis umsetzen, kommt gedanklich nicht mehr vor. Kurzweil sieht den Prozeß genau, spricht von »unablässiger Beschleunigung«, erwähnt die gleichzeitige Verleugnung des sich stetig verschärfenden Fortschrittstempos, aber anders als noch bei Nietzsche oder Baudelaire scheint die Fähigkeit verloren gegangen zu sein, den damit zusammenhängenden Schmerz wahrnehmen zu können.

Dies könnte viel mit Ablenkung zu tun haben, etwas, das beispielsweise Sportvereine zu bieten hatten, die um 1900 verstärkt gegründet werden. Gäbe es den Sport nicht, spätestens jetzt hätte man ihn erfinden müssen. Beweglichkeit, Flexibilität, Fitneß, Kraft, Ausdauer, Schnelligkeit, also genau jene Tugenden, die man braucht, um mithalten zu können: durch Sport scheint all dies erreichbar. Doch gerade beim Sport begegnet man gestern wie heute dem Schmerz ebenso häufig, wie man ihn durch Sport bannen zu können hofft. Formulierungen wie ›sich durchbeißen‹, ›an die Schmerzgrenze gehen‹, ›sich überwinden‹ oder ›sich quälen‹ zeigen, daß Schmerz eine von sportlichen Aktivitäten fast unablösbare Empfindung ist. Erst recht, wenn es darum geht, daß Endorphine den erwünschten Effekt angenehmen Entspanntseins entfalten sollen, ist eine Phase des Schmerzes unabdingbare Voraussetzung und manch einem wird diese Kombination zur Sucht. Trotzdem, so ließe sich einwenden, handelt es sich dabei nicht um eine harmlose Form des Schmerzes, einen gebändigten und kontrollierbaren, dem das ihm innewohnende Zermürbende gerade genommen ist? Auch die bekannte Definition des Sportes als eine der schönsten Formen des Zeitvertreibs, also etwas, das dem Zeitverlust das Schmerzliche gerade austreibt, scheint doch eher auf die heilsamen Effekte sportlicher Aktivitäten hinzuweisen. Dem zu widersprechen machte wenig Sinn. Sport als Therapie gegen den in beschleunigten Gesellschaften grassierenden Verlustschmerz ist ja nicht nur wirksam, weil er die Fitneß derjenigen steigert, die diesem Beschleunigungsprozeß ausgesetzt sind. Heißt sportlich sein nicht, diesen Prozeß auf eine raffinierte Weise zu unterlaufen, indem das In-Bewegung-Sein zum Prinzip gemacht wird? Aber das Ausruhen, die Ruhe danach hat eher etwas vom Endzustand der Bewegung selbst und gleicht mehr deren Ausläufer, als daß sie einen Raum für eine aufmerksamere Selbstwahrnehmung eröffnen könnte. Aufmerksamkeit für Selbstwahrnehmung, das ist es jedoch, was gefährdet erscheint, wenn Selbstwahrnehmung gleichsam mit Schmerz kontaminiert ist. Ganz ohne schmerzliche oder depressive Stimmungszustände wird diese Aufmerksamkeit deshalb nicht zu haben sein. Was weh tut, wird aber, bewußt oder unbewußt, gerne vermieden. Anders als in Zeiten der Vormoderne, in denen die Aufmerksamkeit für Selbstwahrnehmung ja nicht unbedingt entwickelter war, ist in der Moderne das Sich-Nicht-Kennen jedoch mit einem größeren Risiko behaftet. Da die Verantwortung für die eigene Biographie in einem viel höheren Maß den einzelnen Subjekten auferlegt ist, haben Selbsttäuschungen ungleich gravierendere Folgen. Sich selbst gut zu kennen ist also, wenn auch schmerzlich, so doch hilfreich. Sich zu verkennen, nicht ungefährlich. Der zur Aufmerksamkeit komplementäre Pol ist aber Ablenkung und diese kann nur funktionieren, wenn und indem Aufmerksamkeit wiederum gebunden wird. Ablenkungstaugliche Aktivitäten und Angebote zur Verfügung zu stellen mußte deshalb zu einem der wichtigsten Bereiche der Volkswirtschaften werden. Neue Formen der Spezialisierung entstanden, Kreativität, Intelligenz und Einfühlungsvermögen waren erforderlich, um in der letztlich entscheidenden Frage: wer behauptet sich in der Konkurrenz um Aufmerksamkeit, die bessere Idee, das bessere Konzept vorweisen zu können. Dabei wurde das Gespür dafür, die Zone der Erregbarkeit potentieller Adressaten zu erahnen, ausfindig zu machen und zu erreichen unabdingbar. Ohne sorgfältige und gezielte, durch Marktforschung und (Tiefen-)Psychologie verfeinerte Methodik geht das nicht. Mit anderen Worten, das emphatische sich Einfühlen in die Befindlichkeit möglicher Konsumenten von Waren sowie Dienstleistungen und Freizeitangeboten, das Antizipieren deren möglicher Präferenzen und emotionalen Bedürfnisse, wurde Teil eines Kalküls. Abnutzungseffekte konnten so aufgeschoben werden, mit der Zeit mußten diese sich aber unweigerlich akkumulieren. Wiederum wird dann das Tempo, mit welchem diese Abnutzung eintritt, zu einer bestimmenden Determinante des ganzen Prozesses selbst. Eine als unangenehm empfundene Folge dieser Entwicklung hängt mit der Strategie zusammen, den unvermeidbaren Ermüdungserscheinungen durch Dosissteigerung vorzubeugen, wodurch das Problem aber weniger gelöst als perspektivisch verschärft wird.

Es ging um den Gedanken, ob dem beschleunigten Tempo, mit dem die Dinge sich verändern, ein für unsere Zeit spezifischer Verlustschmerz korrespondiere. Was könnte über die Folgeprobleme gesagt werden? Einerseits wäre es ebenso verständlich wie in den Auswirkungen destruktiv, wenn die individuelle Sensibilität für Schmerzwahrnehmung weiter abnähme. Dies nicht nur, weil dann der Bereich des unbewußt gewordenen bzw. werdenden Schmerzes vergrößert würde. Es könnte sein, daß sich außerdem ein Kreislauf installiert, demzufolge gesteigertes Ablenkungsbedürfnis und zunehmender Sensibilitätsverlust sich wechselseitig verstärkten. Der Bedarf an und nach Erregung wüchse. Andererseits hieße eine sensibilisiertere, den ›depressiven Affekt‹ nicht selektiv aussparende Aufmerksamkeit, den Schmerz gerade dadurch aber auch deutlicher wahrzunehmen. Wer aber will das? Eines der stärksten menschlichen Motive ist schließlich die Vermeidung von Unlust und es hieße, den Begriff Lustprinzip zu verkennen, verstünde man ihn als Drang, nur noch der Lust gehorchen zu wollen. Im Kern bedeutet das Lustprinzip in erster Linie Vermeidung von Unlust. Wenn aber Unlust mit Schwäche assoziiert ist – zumindest im Bereich depressiver Affekte – ist sie gleichsam stigmatisiert. Das Dilemma, um das es geht, ließe sich demnach gedanklich folgendermaßen zuspitzen: Der Schmerz ist ein Bestandteil unserer inneren Welt und behindert oder blockiert unsere Selbstwahrnehmung. Nicht jeder ist Nietzsche und sieht Schmerz als »das wahrhafte Sein, d. h. Selbstempfindung« (siehe oben). Dadurch verschiebt sich der Aufmerksamkeitspol systematisch von der Selbstwahrnehmung in Richtung Ablenkung, wodurch wiederum ein ständiges und wachsendes Bedürfnis nach neuen Reizen geschaffen wird. Das immer Neue reduziert jedoch das Vermögen zur aufmerksamen Selbstwahrnehmung und bewirkt ein Absinken jener Schwelle, ab welcher etwas als langweilig empfunden wird. Langeweile ist aber ein äußerst unlustvoller Zustand, dem jegliche Art von Erregung recht sein kann, sofern sie dazu taugt, der Langeweile selbst ein Ende zu breiten. Ist aber Selbstwahrnehmung, nicht zu verwechseln mit narzißtischer Nabelschau oder pietistischer Selbstbefragung, reduziert, droht man sich selber zugleich fremder und langweiliger zu werden. Der eigene Lebensprozeß beginnt dann Formen anzunehmen, die einem Fernsehabend ähnlich sind, durch den man sich zappt, sobald die Aufmerksamkeit für ein bestimmtes Programm zu erlöschen beginnt. So scheint die Spätmoderne etwas hervorzubringen, das man so beschreiben könnte: Die Zeit ist zum Feind geworden, dessen Macht wahlweise befürchtet, bekämpft oder beklagt wird.

Nachtrag

Die Kombination von Beschleunigung und dem auf jedem Einzelnen lastenden Druck, selbstbestimmt, selbstverantwortlich und erfolgreich nichts weniger als ›Lebensglück‹ realisieren zu müssen, kostet Kraft. Wie anstrengend es ist, unter diesen Bedingungen permanent ›ich selbst‹ oder ›ein Selbst‹ zu sein, läßt sich daran ermessen, daß die Depression als Zeitkrankheit schlechthin gilt. (Einer Prognose der WHO zufolge wird etwa 2020 neben Herz-Kreislauf-Syndromen die Depression weltweit die verbreitetste Erkrankung sein) Das Ausmaß der Anstrengung läßt sich auch an Phänomenen ablesen wie demjenigen, daß Rückstände des Antidepressivums Prozac mittlerweile im Trinkwasser Großbritanniens nachweisbar sind. Wenn aber Erschöpfung, Angst vor Versagen und Leere die klinischen Bilder bestimmen, drängt sich die Frage auf, wie es eigentlich um die Triebtheorie bestellt ist, dem einstigen Fundament der Psychoanalyse. Die Zahl derjenigen, die sie vertreten, ist überschaubar bis klein geworden, das Paradigma des Intersubjektiven hat heute eindeutig mehr Anhänger vorzuweisen. Dies bedeutet nicht, daß die Zeiten schlecht und Triebtheorien gut sein müssen. Es heißt erst einmal nur, daß es für

Triebtheorien gute und schlechte Zeiten gibt. Der unsrigen erscheint das Freudsche *Es* kaum noch als etwas, das eine Bedrohung darstellen könnte. Es gleicht eher einer zur Ausbeutung bereitliegenden Ressource, einer biologischen Batterie, welche nicht anzuzapfen den, wie man heute umgangssprachlich sagen würde, ›loser‹ verrät. Für Triebtheorien ist dies ruinös. Denn gefährlich ist jetzt nicht mehr der Trieb, sondern das Fehlen von Trieb – sein Schwächeln sozusagen – und die größte Angst diejenige vor seinem Versiegen. An die Stelle des befürchteten Schuldgefühls infolge einer versagenden Kontrolle den eigenen Triebwünschen gegenüber ist die Versagensangst getreten, im allgemeinen Wettlauf um die erfolgreiche Lebensgestaltung zu den Langsameren oder gar Ausgeschiedenen zu gehören. Dieser ›Machtverlust‹ des Triebgeschehens scheint sich auf die Theorie selbst übertragen zu haben. Wo Freud (1914d, S. 108) noch eine »urgewaltige Triebmelodie« am Werk sah, macht sich Erschöpfung breit.

Bibliographie

Arendt, Hannah (1986): Elemente und Ursprünge totaler Herrschaft. München: R. Piper.

Arendt, Hannah (1990): Eichmann in Jerusalem. Leipzig: Reclam-Verlag.

Bohrer, Karl Heinz (1996): Der Abschied/Theorie der Trauer. Frankfurt am Main: Suhrkamp.

Christians, Heiko (1999): Über den Schmerz. Berlin: Akademie Verlag.

Freud, Sigmund (1914d): Zur Geschichte der psychoanalytischen Bewegung. In: G. W., Band 10.

Kant, Immanuel (1995): Schriften zur Anthropologie, Geschichtsphilosophie, Politik und Pädagogik 2. In: ders.: Werkausgabe, Band XII. Frankfurt am Main: Suhrkamp.

Marx; Karl (1977): Ökonomisch-philosophische Manuskripte (1844). In: MEW, Ergänzungsband. Berlin: Dietz Verlag

Marx, Karl & Engels, Friedrich (1999): Das kommunistische Manifest. Hamburg: Argument Verlag.

Musil, Robert (1981): Der Mann ohne Eigenschaften. Reinbek bei Hamburg: Rowohlt.

Nietzsche, Friedrich (1999): Kritische Studienausgabe. Herausgegeben von Giorgio Colli und Mazzino Montinari. München: de Gruyter/DTV.

Schneider, Gerhard (2003): Zukunft mit der Psychoanalyse: Atopie und Bartleby. Psyche, 57, S. 226-248.

Sennet, R. (1998): Der flexible Mensch. Berlin: Berlin Verlag.

Werner Balzer

Lust am Nichtdenken? Zum Verhältnis von Erregung und Bedeutung in beschleunigten und entgrenzten Lebenswelten*

> Wir sehen, daß in dem Maße, als, in der organischen Welt, die Reflexion dunkler und schwächer wird, die Grazie immer strahlender und herrschender hervortritt.
> Heinrich v. Kleist: *Über das Marionettentheater*

Einleitung: kürzester Weg und Umweg

Am Nullpunkt seiner Entstehung ist das Denken für die Psychoanalyse nichts als ein Umweg. Und zwar, so lesen wir bei Freud (1900a, S.571), auf der Suche nach dem »Befriedigungserlebnis[…], das den inneren Reiz aufhebt«. Eine erneute Bedürfniserregung, Wunsch geheißen, strebt zunächst danach, das Erinnerungs*bild*, die befriedigende Wahrnehmung selbst, wiederherzustellen. »Das Wiedererscheinen der Wahrnehmung ist die Wunscherfüllung[…]. Diese erste psychische Tätigkeit zielt also auf eine Wahrnehmungsidentität, nämlich die Wiederholung jener Wahrnehmung, welche mit der Befriedigung des Bedürfnisses verknüpft ist.« Bis hierher könnte diese Passage in Zeiten der Bilderflut und des online gegangenen Reizhungers auch einem Handbuch der Werbepsychologie entnommen sein. Aber Freud fährt fort: »Eine bittere Lebenserfahrung muß diese primitive Denktätigkeit zu einer zweckmäßigeren, sekundären modifiziert haben.[…] All die komplizierte Denktätigkeit also, welche sich vom Erinnerungsbild […] fortspinnt, stellt doch nur einen durch die Erfahrung notwendig gewordenen *Umweg zur Wunscherfüllung* dar. Das Denken ist doch nicht anderes als der Ersatz des halluzinatorischen Wunsches« (S. 571, 572). »[…] Der Primärvorgang strebt nach Abfuhr der Erregung, um […] eine Wahrnehmungsidentität herzustellen; der Sekundärvorgang hat diese Absicht verlassen und an ihrer Statt die andere aufgenommen, eine Denkidentität zu erzielen. Das ganze Denken ist nur ein Umweg« (S. 607).

---

*Geringfügig überarbeitete Fassung eines Vortrags auf der Herbsttagung der Deutschen Psychoanalytischen Vereinigung zum Thema »Symbolisierung und ihre Störungen«, Frankfurt am Main, 23. November 2002. Abdruck mit freundlicher Genehmigung der *Zeitschrift für psychoanalytische Theorie und Praxis*. Der Text ist dort in Heft 4, 19. Jahrgang, 2004, zu finden.

Psychoanalyse im Widerspruch, 17. Jahrgang, 2005, Heft 33, S.39-56.

In *Formulierungen über die zwei Prinzipien des psychischen Geschehens* (1911b, S.233) wird er das Denken ein »Probehandeln mit kleineren Besetzungsquantitäten« nennen und hinzufügen, daß es dazu des Ertragens der » erhöhten Reizspannung während des Aufschubs der Abfuhr« sowie einer »Überführung der frei verschiebbaren Besetzungen in gebundene« bedürfe.

Die Menschwerdung ist also für die Psychoanalyse wesentlich eine Versagungsgeschichte, in der sich die denkfähigere Psyche dem Umstand verdankt, daß sie ihre Erregungswirtschaft gegen eine Bedeutungswirtschaft eingetauscht hat. Denken ist der individuell wie kollektiv überaus labile Quotient aus Wunsch gebrochen durch Versagung. Im Sekundärprozeß wird die direkte Regression aufs Bildhafte, welche das Drehmoment der Traumvorgänge ist, aufgehalten und die Gewalt des unmittelbar Triebhaften gebunden; allerdings um den Preis von Hemmung, Verzögerung, Wartenmüssen, Triebzielverschiebung und Unlust – inclusive eines Quantums kulturstiftenden Masochismus, als welcher die an der Abfuhr nach außen gehinderte Aggression innen wiederauftaucht und ohne den keinerlei ernsthafte Denkarbeit verrichtet werden kann. Denken ist lustvoll, wenn es findet, aber durchaus quälend, wenn es sucht. Insofern es einen Umweg im biblischen »Schweiße deines Angesichts« darstellt und noch seine sublimsten Formen letztlich »ein Maß der Arbeitsanforderung« sind, »die dem Seelischen infolge seines Zusammenhangs mit dem Körperlichen auferlegt ist« (Freud, 1915c, S. 214), weisen viele Spuren in mancherlei geschichtsphilosophischen Entwürfen auf einen unbewussten Haß aufs Denken hin. Nicht nur, aber auch, weil Denkenkönnen das Denken-müssen des Endes impliziert. In Kleists (1810) Allegorie vom Marionettentheater soll der Mensch im Durchgang durch die Unendlichkeit des Wissens[1] wieder aufgehoben sein in der Grazie der reinen, bewusstseinslosen Schwerkraft. Vielleicht ist der paradiesische Traum von der Abschaffung des unlustvollen Denken*müssens* der latent gewaltbereite Kern aller Utopien. Lepenies (1969, S. 191-192) hat in seiner Analyse von Utopien jedenfalls gezeigt, daß, insofern Melancholie und Reflexion Handlungshemmung sind, in Utopia nach der Vertreibung von Zeit und Langeweile im endgültig erreichten Raum ein Melancholieverbot herrscht.

Ob für die untraurigen, aber irgendwie ermüdeten (vgl. Groys 1996) Menschen heutiger Lebenswelten die psychischen Konstitutionsbedingungen selbst sich ändern, ist kontrovers. Als spekulativer Psychoanalytiker riskiert man hier den Einwand, die Dialektik von Individuellem und Gesellschaftlichem zu vernachlässigen, wenn man ausgehend von prägnanten Phänomenen erst einmal nützliche Fragen erzeugen möchte. Die Trägheitstheoretiker führen ins Feld, daß uralte mensch-

---

[1] Man könnte meinen, es habe der seherischen Fähigkeiten des blinden Schriftstellers Jorge Luis Borges bedurft, um schon 1941 in der Erzählung *Die Bibliothek von Babel* (1981)gleichsam die Totalität des Internet vorauszuahnen.

heitsgeschichtliche Bildungen sich nicht in kurzer Zeit wandeln könnten und entdecken unter den postmodernen Kostümierungen und Erregtheiten doch immer nur wieder den alten Adam. Die Stärke dieses Argumentes liegt in seinem Bedenken gegen globalen Kulturpessimismus; hatte es doch gerade z. B. bei der jüngsten Hochwasserkatastrophe den Anschein, als hätten zahllose helfende junge Menschen geradezu auf einen Anlaß zur Sinnfindung gewartet. Seine Schwäche hängt an unseren eigenen, extrem komplexen, feinabgestimmten entwicklungspsychologischen Konzepten, die es hochunwahrscheinlich machen, daß rasante Wandlungen der Lebenswelten die Konstitutionsbedingungen des Psychischen unberührt lassen. In einer früheren Arbeit (Balzer 2001) habe ich die These vertreten, daß das Ich, selbst ursprünglich ein »Oberflächenwesen« (Freud 1923b, S. 253) heute im Mainstream und besonders kraß in den Randgebieten klasssisch-kultureller Begüterung dazu neigt, sich in adhäsiven Verklebungen mit aufdringlichen medialen »Objekten« wieder in sensorische Oberflächen zu zerlegen. Das eben gerade erschienene Buch von Türcke (2002), *Erregte Gesellschaft. Philosophie der Sensation*, ist die derzeit wohl gründlichste Durchdringung dieser Thematik von philosophischer Seite.

Ein Blick auf unsere Medienwirklichkeit zeigt eine Fülle von Indizien dafür, wie sehr Lust am Nichtdenken, an der puren Sensation als Sinneserregung, am Werke zu sein scheint. So erkennt Türcke (a. a. O., S. 294) im »multimedialen Beschuß« ein Strohfeuer: »Solange der Reiz andauert, flammt es, sobald er aufhört, erlischt es. Tendenziell werden die Sinne zu konditionierten Reflexen zurückgebildet, verlernen, ihre Empfindungen so zu bündeln, daß sie innere Vorstellungen davon behalten[...].« Nicht ohne Berechtigung dürfen wir deshalb fragen, inwieweit die kurzschlüssige Verlötung mit rasch wechselnden, virtuellen und realen Objekten die Entwicklung der Denkstile affiziert, gleichsam per Knopfdruck das Bedeuten sich regressiv wieder in Erregen auflöst und dabei der »kürzeste Weg« die Umwege erübrigt, an deren Rand so gewichtige Meilensteine wie Gewaltbindung, Über-Ich- und Ich-Idealbildung und letztlich die Ausbildung der kulturbildenden Schuldgefühlsfähigkeit stehen.

Vertraute Grundannahmen

Die Gestaltwerdung der menschlichen Psyche aus ihrer somatischen Matrix heraus erfolgt über Medien. Medien sind Wandler. Definitionsgemäß (Hörisch 2001, S. 68) eignet ihnen die Fähigkeit zur Speicherung, Bearbeitung und Übertragung.[2] Deshalb kann man die psychoanalytische Entwicklungspsychologie durchaus medientheoretisch lesen. Das wichtigste Medium sind – oder waren? – die Primärobjekte.

---

[2] Ein weiteres definitorisches Merkmal lautet: »Medien sind Körperextensionen. Mit medialer Hilfe dehnen wir die Reichweite unserer Sinne und unseres Körpers weit über seine kreatürlichen Grenzen hinaus aus« (Hörisch 2001, S. 61).

Das mediale Speichern, Bearbeiten und Übertragen wird an der Relation Container-Contained (Bion 1962), der Transformation beta-elementarer Sinnesdaten in Gedanken durch die sogenannte Alpha-Funktion oder an der Entwicklung von psychischen Selbstrepräsentanzen via Verinnerlichung des im mentalen Leben der Mutter spezifisch repräsentierten Kindes i. S. der neueren Bindungstheorie (Fonagy, 2001) besonders sinnfällig. Denkt man an zunächst unerträgliche, archaische Angst, Ohnmacht, Schmerz, Wut, so sind die psychoanalytischen Medien von Entwicklung aber allesamt als Erregungsmilderer[3] konzipiert und ermöglichen zugunsten wachsender Denkfähigkeit eine Leistung, die Plassmann (1993, S. 278) als »semiotische Progression« zu immer reiferen Ebenen des Repräsentierens bezeichnet hat. Als drei wesentliche Ziele dieser aufsteigenden Umschriften des primär Körperlichen ins Seelische, die unterwegs miteinander verwoben sind und schließlich noch auf den Ebenen der Gedächtnissysteme und des Denkens repräsentiert werden müssen, fassen wir die Differenzierung von innen und außen (und zwar auf einem psychischen Niveau, nicht nur materiell, wie es das Grundproblem jedes Lebewesens darstellt), die Affektregulierung sowie das Erreichen der Getrenntheit vom Objekt bei weiterbestehender, sinnhafter Bezogenheit. Getrenntheit zwecks Fortsetzung der Verbundenheit mit anderen Mitteln, nämlich durch bedeutungsvolle Repräsentationen, ist der entscheidende Quantensprung in der psychoanalytischen Entwicklungslehre. Dieser Punkt ist besonders kritisch und von einem intakten Übergangsraum abhängig, weil hier die Symbolisierung ins Spiel kommt, die nicht in der absoluten Präsenz der Objekte gelingt, sondern nur über die ertragene Absenz; davon später mehr.

Die psychoanalytische Grundidee der Menschwerdung heißt Innerlichwerden und hängt kategorisch an der Metaphorik eines psychischen Raumes, der aber seinerseits erst durch die trophische Funktion der hinreichend guten Objekte, ja durch konstruktive Doppelgängerprozesse (Balzer 2002) zu seiner Dimensionalität aufgefaltet werden kann. Erst mit ihm kommt seelisches Wachstum oder auch Scheitern durch den lebenslangen Grenzverkehr von Projektion und Introjektion ingang. Notieren wir schon hier am Rande, daß z. B. Bicks (1968) Konzept der Funktion früher Hautbeziehungen als Urcontainer mit dem Resultat allererster Selbstkohäsion und schemenhafter Ichgrenzen zwischen Innen und Außen, von Anzieu (1985) später als »Haut-Ich« ausgearbeitet, zwar mit Symbolisierung nichts zu tun hat, sehr

[3] Türcke (2002, S. 175) hingegen nennt die erregte Gesellschaft eine »soziale Großveranstaltung dessen, was die Neurophysiologie ›prozedurales Gedächtnis‹ nennt. Sie tut nämlich nichts Geringeres, als den jahrtausendealten Deeskalationsprozeß der Sensation […] im Zeitraffer rückwärts zu durchlaufen und ihn durch die Prozedur der semantischen Reeskalation zu erinnern. Dies ist kein bewusster Prozeß, aber ein buchstäblich aufschlussreicher. Er dröselt seine eigene Geschichte rückwärts auf wie Penelope abends ihr Gewebtes.«

wohl aber mit einer frühen, noch sehr sensorischen Hülle von Mentalisierung – und daß dieser Prozeß nicht in der Absenz, sondern der nachdrücklichen Präsenz des guten Objektes geschieht.

Das »Oberflächenwesen« Ich ist auch als »anatomisches Präparat« (Freud) als nach innen gefaltetes embryonales Ektoderm uranfänglich eine Haut. Entwicklungspsychologisch werden durch mühselige Transformationen sensorische Oberflächen in bedeutsame innere Erfahrung und Repräsentationen (also: Erinnerbarkeiten) verwandelt. Diese Übersetzungarbeit hat einen nicht beliebig kompressiblen Zeitbedarf und benötigt stetige objektale Bezogenheit. Ich und Über-Ich sind beide Grenzwesen, insofern sie sich der Demarkierung von Innen und Außen bzw. von Trieb und Einschränkung, Gut und Böse, verdanken. Derart grenzgeboren und dann grenzerhaltend können sie, wie später die Ichidentität, aus einer somatosensorischen, propriozeptiven Matrix nur auftauchen in der Intimität mit Pflegepersonen, deren eigene innere Welt das Medium der Umformung protopsychischer Erfahrung zum Reiferen hin ist. Dazu gehört ein abgestuftes Spiel von Befriedigung und Versagung, Stimulation und Dämpfung, Offenheit und Begrenzung, Präsenz und Absenz – und eben die Zeitabhängigkeit wie bei aller Differenzierung und jeglichem Stoffwechsel. Und wenn jede Repräsentation ein Gedächtnisphänomen ist, undenkbar ohne Wahrnehmungsfokussierung und Wiederholung, so steht dies im Einklang mit Befunden zur neuronalen Plastizität, wonach ein anfangs chaotischer Synapsenüberschuß, wo alles mit allem verbunden ist, durch Bahnungen und Netzwerke ordnend und hemmend überschrieben wird.

Mentalisierung und Symbolisierung

An dieser Stelle stolpern wir unweigerlich über die Begriffe Mentalisierung und Symbolisierung in des Teufels Küche. Hier herrscht alles andere als konzeptuelle Klarheit und Übereinkunft. Fonagys (z. B. 2000, S. 854) auf einer »theory of mind« aufbauende Definition von Mentalisierung lautet: »[D]ie Existenz von Gedanken und Gefühlen bei einem selbst und anderen anzunehmen und zu erkennen, daß diese mit der äußeren Realität in Verbindung stehen« (Übersetzung W. B.). Dezidiert begreift Fonagy (2001, S. 165) Mentalisierung als »specific symbolic function«.[4] Lecours und Bouchard (1997) haben diesen Mentalisierungsbegriff kritisiert

[4] Er sieht diese symbolvermittelte Funktion im Zusammenhang mit »the universal and remarkable capacity of young children to interpret the behavior of themselves, as well as others, in terms of putative mental states«. Also als hochstufiges reflexives Vermögen mit Vorstellungen über »beliefs, feelings, attitudes, desires, hopes, knowledge, imagination, pretense, plans, and so on« bei Anderen (S. 165). Ein solcherart auf den symbolischen »mind« eingeengter Mentalisierungsbegriff wirft überdies die Frage auf, ob nicht auch basale Desomati-

als Beschreibung des Resultates dessen, was als der eigentliche Mentalisierungs*prozeß* der Untersuchung bedürfe. Sie schlagen unter Differenzierung der Skalen Repräsentation, Symbolisierung, Abstraktion, Denken, Somatisierung, Verbalisierung, Affekttoleranz, motorische Expression ein multidimensionales Modell von Mentalisierung vor, das sowohl viele Abstufungen hat als auch die Inkonsistenz heutigen Wissens widerspiegelt; ein wichtiger Versuch, die in psychoanalytischen Erörterungen häufige Unschärfe zwischen Mentalisierung, Symbolisierung, Repräsentation, Gedanke und Denken zu klären. In der Sicht dieser Autoren wäre, soweit ich erkenne, all das, was Fonagy global „Mentalisierung" nennt, tatsächlich ein spezieller Mentalisierungs*grad*, auf dem symbolisch-reflexive Prozesse *bereits* in Funktion sind. Auch ich werde im weiteren davon ausgehen, daß Mentalisierung die umfassendere Begriffsklasse darstellt, innerhalb derer Symbolisierung als höchstentwickelte Kategorie aufzufassen wäre. Nützlich für unsere Überlegungen ist in jenem Modell ein Niveau semiotischer Progression, als »*repräsentiert, unsymbolisiert*« (S. 862) bezeichnet, wo basale »Trieb-Affekt-Erfahrungen« [Übersetzung W. B.] zwar gleichsam piktographisch repräsentiert, aber nicht wirklich symbolisiert sind.

Die Existenz von Mentalisierungsformen ohne Symbolisierung leuchtet ein; etwa in Form unmittelbarer seelischer Einstimmung auf den Gefühlszustand eines Anderen wie im raschen mimischen Austausch. Überhaupt ist ja die affektive Feinabstimmung, das »attunement« zwischen Mutter und Kind, bezogen aufs Objekt präsentisch. Viele Aufbaustufen von Mentalisierung hängen von der präzisen Präsenz des guten Objektes ab, nicht von seiner Absenz. Letztere scheint aber beim Sprung ins Symbolische unentbehrlich zu sein. Dies wird uns an späterer Stelle helfen, bei der Unterscheidung primitiverer und reiferer Mentalisierungsformen die bekannten psychoanalytischen Absenztheoreme, von Freuds Garnrollenspiel (1923 g) bis zu Bions »negative realization« und Unterscheidung von *nothing/no thing* (1962) zu überdenken. Es könnte sein, daß Bions »positive realization« mit Bildung der »conception«, Bott-Spillius (1994, S. 342) zufolge »a form of thought« (und dies könnte man sich vorstellen als noch sehr objekt*ähnliche*, quasi pikturale Repräsentation, bildhafte Erinnerung) für manche in der Objektpräsenz zu erlangende Mentalisierungsebenen essentiell wäre, während das Durchstehen der »negative realization«, des Mangels, der Prüfstein für die Entfaltung des objekt*unähnlichen*, symbolischen Repräsentierens im »potential space« (Winnicott 1971) wäre.

Veränderte Erfahrungswelten

Werfen wir einen Blick auf unsere Alltagswirklichkeit. Die Rede von der aberwitzigen Multiplikation der Medien unserer heutigen primären und sekundären Soziali-

---

sierungen, deren *symbolische* Umschrift noch in weiter Ferne ist, als Schritte oder Schrittchen im Mentalisierungsprozess zu würdigen wären.

siation ist ein Allgemeinplatz und selbst schon wieder medial ausgehöhlt. Jüngst erhielt ich die Einladung zu einer Büromöbelausstellung mit Vortrag eines Wirtschaftsprofessors zum Thema »Mobile Systeme. Das Ende der Gewissheiten« und eine Kostprobe: »Im Zeichen einer grenzenlos globalisierten Arbeitswelt, einer Verflüssigung und Deregulierung aller überkommenen Gefäße steht der moderne Mensch vor neuen Herausforderungen. Seine Schlüsselqualifikation heißt Flexibilität« (Gross 2002, S. 1). Verflüssigung aller überkommenen Gefäße, wie wahr. Man könnte es auch die Erfahrung psychosozialen Gehäutetwerdens nennen. Sicher sind mit Gefäßen auch Tabus gemeint und die angstbindenden, schwierige Passagen regulierenden Rituale, die Haas (2000a, S. 115) als kulturelle »Container« bezeichnet.[5] Die psychisch stärksten Wirkfaktoren des »digitalen Evangeliums« (Enzensberger 2002) lassen sich m. E. am ehesten als Beschleunigung, Verbildlichung, Entgrenzung auf allen Ebenen und die Idee von der Programmierbarkeit der Objektwelt fassen. Der Schonraum der Familie ist dabei, »zugunsten einer Gerätefamilie vollends abzudanken« (Eisenberg 2000, zit. nach Baier 2000, S. 211). So heißt »Objektbeziehung« für viele Kinder, in die Steckplätze multimedialer, superschneller elektronischer Bild- und Soundgeneratoren eingeloggt zu sein, die man als Präsenzmaschinen und Absenzvernichter bezeichnen kann.[6] Stille und Warten sind abgeschafft, gründliche Aufmerksamkeitszersetzung ist Programm. Unter Zerstükkelung handlungslogischer Narrative zugunsten audiovisueller Schocks, die – wie alle Sucht – nach ständiger Dosiserhöhung rufen, wird die Bildschnitt-Technik immer primärprozeßhafter und unterläuft die zeitliche Apperzeptionsschwelle; Zeitintrons[7], auf Pause gestellte, informationsfreie, »leere Zeitteile« (Millner 1996, S. 30), die der psychischen Verdauung nützlich sind, werden eliminiert. Die entfesselte, permissive, häufig simulierte Visualisierung bringt die Grenze zwischen Virtualität und Realität ins Schwimmen.[8] Das mediale Grundgesetz lautet: Verdichtung, Verschiebung, rücksichtslose Darstellbarkeit und keine Zeit für sekundäre Bearbei-

---

[5] Kaiser (2002) formuliert treffend: »Das einzige Tabu, das es noch gibt, ist die Unterlassung des Tabubruchs.«

[6] Daß ein bekannter Modedesigner (Joop 2001, S. 156) von der »Abwesenheit von Dingen als Luxus« spricht,
belegt wieder einmal Benjamins (1982, S. 112) Diktum: »Das brennendste Interesse der Mode liegt für den Philosophen in ihren außerordentlichen Antizipationen.«

[7] »Introns« heißen in der molekularen Genetik »leere« DNA-Abschnitte unbekannter Funktion, die keine Aminosäuren codieren.

[8] Beland (2002, S. 22) bemerkt an den »Primitivvergnügungen des Fernsehens« ein »Unterhaltungsinteresse [...] an immer weiter gehenden *Grenzverschiebungen der Einfühlung in psychotische Affekte und Konzepte*, in die Auflösung der stabilsten Gegensätze wie lebendig oder tot, real oder virtuell, zerstörbar oder unzerstörbar [...].«

tung. Aber nicht nur die Kleinen, sondern auch die Großen sind in den festen Händen der weltweit hochgerüsteten medialen Erregungsbranche. In enormer Impulsdichte brandet ein ständiger Zeichenüberschuß, wobei es mangels psychischer Zeit infolge schneller Taktung und wegen des geschrumpften Übergangsraumes infolge hartnäckiger Präsenz der Scheinobjekte schwieriger wird, den input zu Information zu machen, diese konnotativ zu Bedeutung zu kontextualisieren und das Ganze aus dem prozeduralen Gedächtnis in semantische und autobigraphische Gedächtnissysteme zu transferieren. Für die Animation ist der Mausklick zuständig, fürs Gedächtnis die Harddisk, wobei es einen Schelmenstreich der Digitalgeschichte darstellt, daß heutige Soft- und Hardwarespezies dreißig Jahre alte Dokumentationen in amerikanischen Bibliotheken schon nicht mehr lesen können. Offenbar ist auch das kulturelle Gedächtnis nicht ohne weiteres an Maschinen zu delegieren. Neben der Erregung treten die videoclipartig springenden Momentanverfassungen von Subjekten und Systemen an die Stelle einer Bedeutung, deren Halbwertszeit gegen Null strebt. In den allgegenwärtigen Voyeurismen und Exhibitionismen wird die Vorlust zur Hauptlust befördert. Deregulierung heißt eben auch Deregulierung der Triebökonomie, radikale Mehrwertschöpfung durch mediale Erregungsproduktion, Vermarktung aller denkbaren Erregungsobjekte als »da«, aufrufbar, nicht »fort«, Andocken am Trieb selber, und zwar nicht nur an der Sexualität, sondern auch an der Zerstörungslust.

Betriebssysteme, Bildschirme, Tasten

Angesichts hohen Objektverbrauches mit verkümmernden Verinnerlichungsspuren möchte man von einer bulimischen Zeit sprechen, doch ist der Übergang in ein haptisches Zeitalter in vollem Gange. Tasten, Sensoren und Displays, die auf undurchschaubare Weise mit dem hermetischen Inneren eines Objektes verbunden sind und teils sein Verhalten steuern, sind unsereinem heute schon in die Wiege gelegt. Später erweitern sich diese Berührungsbeziehungen optoakustisch durch Kassettengeräte, Videos, Playstations, Spielkonsolen, Fernseher und die PC - Tastatur als Zugang zu einer synthetischen Welt. Sogenannte »Anthropotechniker« optimieren in Marketingfirmen die »Mensch-Maschine-Schnittstelle«, etwa in Automobilen. Unsichtbare Betriebssysteme wie *Windows*, deren Binärcode zu einer wirklichen Universalsprache (vgl. Baier, 2000, S. 25) geworden ist, schreiben dem Denken die Pfade vor, die es überhaupt noch gehen kann. Durch die verborgenen »Wenn-Dann«-Schleifen der Programmiersprachen wird dem Denken die sinnhafte narrative Logik abgewöhnt (vgl. Wenz, 2002). Der Clou an den diversen Benutzeroberflächen liegt aber in einer mimetischen Doppelgängerbeziehung: der »user« ist seinerseits weitgehend kongruente Benutzeroberfläche der Maschine. Konsequenterweise wird der Mensch, sofern er »Hardware« und »Software« benutzt, mitunter bereits als »Wetware« bezeichnet (Kittler, 2002, S. 107). Das narzisstische Wohlgefühl schöpft nicht aus dem »Glanz im Auge der Mutter« (Kohut), sondern aus dem Glanz im Auge des Displays. Am Touchscreen als Welt der Objekte gibt es eine kurzgeschlossene Begegnung beidseits sensorisch codierter Oberflächen, Erregungsflächen, die den Namen »adhesive equation« vollauf verdient. Haut-, Wärme- und Geschmackssensoren sind in Entwicklung, ebenso der »touch-suit«, über den vernetzte Partner körperliche Reizungen austauschen können sollen (Baier, 2002, S.39). Angesichts dieses Eintauchens spricht Kittler (2000, S.42) von »immersiven Medien«. Es scheint an der Zeit, sich an die Vorstellung eines Ich zu gewöhnen, dessen zerspieltes Selbst- und Identitätsgefühl ganz an der sensorischen Verlötung mit den Reizgeneratoren hängt, gemäß der Diagnose (Türcke, 2002, S.73): *sentio ergo sum*. Vielleicht könnten wir auch die bestürzenden Formen neuartiger Gewaltbereitschaft besser begreifen, wenn wir uns ihnen von dem Moment her nähern, in dem gewisse protopsychische Kurzschlüsse des Reizkonsumenten mit der äußeren Erregungsapparatur, die womöglich auch als Selbsterzeugungsmaschine fungiert, abreißen.

Einige Merkwürdigkeiten

Etliche wohlbekannte Phänomene scheinen eingebettet in eine Gesellschaft der vagabundierenden »frei verschiebbaren Besetzungen« im Sinne Freuds (1911b, S. 233), einer zumindest partiellen Überichverwilderung und einer Erregungskultur als Modus der Selbstvergewisserung. Hier ist nicht der Raum für eine genauere Betrachtung eklatanter Gewaltausbrüche, die im Sinne Glassers (1998)[9] wahrscheinlich dem selbsterhaltenden Typus zuzuordnen sind und die ich *Erlebnisgewalt* nenne. Es ist eine üble Abfolge, wenn man die Medienkinder den Robotern überlässt, ihnen somit Einfühlung verweigert und vermittels abrufbarer Scheinobjekte vorgaukelt, daß ihnen Abwesenheit und Mangel erspart werden könnten: wenn der Schwindel auffliegt, trifft er auf eine eruptive, schlecht mentalisierte Struktur. Kinderpsychiatrisch sieht man vermehrt sehr kranke Kinder und Jugendliche, die offenbar Getrenntheit vom Objekt *und* innere Verbundenheit mit ihm nur schwer vereinbaren können bei ganz prekärer »capacity to be alone« (Winnicott, 1958), nicht einmal typische Borderline-Fälle, aber Grenzfälle in einem wörtlichen und tieferen, wenngleich oberflächlicher-sensorischen Sinn. Disruptive Pathologien mit

---

[9] Glasser unterscheidet sadomasochistische und selbsterhaltende Gewalt. Erstere erhält das Objekt im Leiden, sie dauert, ist planvoll, erfordert eine Beziehung zum Objekt als unverzichtbare Bedingung, es gibt ein zumindest hintergründiges Über-Ich, der Täter verspürt nicht Angst, sondern Vergnügen; »selbsterhaltende« Gewalt will Objektvernichtung auf primitivem psychischen Niveau, ist eher kurzdauernd, eruptiv, ohne Beziehung zu Opfer und Über-Ich, der Täter erlebt Erleichterung seiner latenten Angst, aber kein eigentliches Vergnügen.

autistischen Barrieren und adhäsive mit fusionären Tendenzen scheinen zwei Seiten derselben Medaille zu sein. Epidemiologisch ist Schlaflosigkeit, also auch Traumlosigkeit, weit verbreitet. Eine selbst hyperkinetische Gesellschaft diskutiert aufgeregt die Aufmerksamkeitsdefizitsyndrome ihrer umtriebigen Kinder, die dann von Experten, die gerne hirnorganisches Substrat und psychischen Grund verwechseln, durch Stimulation mit einem chemischen Verwandten der Droge Ecstasy, mit der Jugendliche ihre Discoerregung steigern, zur relativen Ruhe gebracht werden. Letztes Jahr (Simon, 2002) bot Microsoft seinen Mitabeitern Kostenbeteiligung bei der Behandlung ihrer autistischen Kinder an. Auf irgendeinem Schulhof vereinbaren Halbwüchsige miteinander, sich in der Pause gegenseitig bis zum Eintritt der Bewusstlosigkeit zu würgen. Schüler ziehen sich beim Nachspielen eines flammenden Fernsehstunts schwere Verbrennungen zu. Die erschreckende Liste des erregten Undenkens ließe sich endlos fortsetzen.

Die Lesefähigkeit leidet offenkundig nicht nur bei den bildhungrigen Kleinen; angesichts von Unwillen und Unvermögen bei Studenten, längere Texte und Lehrbücher durchzuarbeiten, sollen Bilder und Animationen Abhilfe schaffen (vgl. Hühn 2002). Der kollektive Erregungspegel wird durch eine Skandalisierungswelle nach der anderen hochgehalten, wofür Imhof (2002) den schönen Ausdruck »Empörungsbewirtschaftung« geprägt hat. Da Langeweile sakrosankt ist, wird der sensorische Kick in zahllosen, proliferierenden Extremsportarten gesucht.[10] Selbsterleben wird nicht nur im Kinästhetischen nachgejagt: die allgemeine Ästhetisierung der Bedeutungs*losigkeit* ist auf der Ebene der *aisthesis*, wie einmal die Lehre von den niederen Körperempfindungen hieß, angelangt.

Aber im Schatten der »aufgelösten Gefäße« scheint auch Angst zu wachsen. Ein erregtes Leben ohne psychische und soziale Container *ist* ein Dauertrauma. Wenn die erfahrbaren Wirklichkeiten sich in Kaleidoskope verwandeln, droht allenthalben Orientierungslosigkeit. Für diese Angst sprechen ethische Fundamentalismen, blühende Traumatheoreme, Opferdiskurse und eine Stimmung, in der sich ein jeder vor allem als Angehöriger einer irgendwie bedrohten Minderheit zu begreifen scheint. Verlässliche Riten mildern in traditionelleren Gesellschaften soziale Ängste und Bedrohungen der Ichidentität, besonders in Entwicklungskrisen und lebensgeschichtlichen Phasenübergängen. Jetzt schießen neue, selbsterfundene, teils gefährliche Rituale der Angstbindung und Passage aus dem Boden. Manche Selbstverletzungen stehen auf diesem Blatt, gerade weil in einem Klima des *anything goes* die Undeutlichkeit von widerständigen, aber auch Halt und Orientierung gebenden Grenzen – nicht nur der zwischen den Generationen, sondern allenthalben – tief verunsichert. Selbstverletzende Manipulationen an der Haut

---

[10] Auf einer ländlichen Ostseeinsel wurde diesen Sommer Erholungsmüden »Silo-Climbing« angeboten.

verunsichert. Selbstverletzende Manipulationen an der Haut können als Initiationsritus ein unbewußtes Drama verdichten, das eine Montage der Penetration von Selbstgrenzen, fehlender bergender Hüllen, »Container«, mit ebenso schmerzhaften wie demonstrativen Abgrenzungsversuchen inclusive der Angstüberwindung darstellt. Bereits bei früherer Gelegenheit (Balzer 2001, S. 375) habe ich auf die Theatralisierung der Haut als paradigmatischem *Grenz*organ hingewiesen, das in Kompromissbildung von Durchstoßung und Heilung, Wunde und Narbe Tattoos unterzogen wird oder dem Peircing, das in seiner bürgerlicheren Form als Akupunktur oder Ayurveda-Ölung auch als Therapie gegen den epidemischen Tinnitus eingesetzt wird, der so etwas wie der sensorische Bodensatz des gesamtgesellschaftlichen grauen Rauschens sein könnte.

Bildersturm?

Meine schon eingangs angedeutete These möchte ich nun dahingehend präzisieren, daß in unseren audiovisuellen und taktilen Medienwelten mit der sensorischen Präsenz von *Bildern*, Klang*bildern*, Tast*bildern* die Ikonizität zunimmt. Nicht nur, weil Dauervideos gleichermaßen in Schweizer Dorfbussen und Berliner U-Bahnen angekommen sind. Ist also Bildersturm angesagt? Damit wären wir wieder in der Nähe des platonischen Ikonoklasmus angelangt.[11]

Peirce (vgl. Oehler 1981) unterscheidet in seiner Semiotik drei Sorten von Zeichen: Indizes, Icons und Symbole. Alle drei Zeichenarten verkörpern die triadische Relation zwischen dem Zeichen selbst, seinem Objekt und seinem Interpretanten – vertraut für uns, die wir die Einschmelzung dieser Triade zu einem Plasma im psychotischen Konkretismus fürchten. Ikons sind Zeichen mit Ähnlichkeitsbeziehung zu fiktiven oder realen Objekten wie Bilder, Schemata. Indizes haben keine abbildende, sondern reale Relation zum Objekt wie etwa ein Wegweiser. Symbole stehen in einer interpretativen Beziehung zum Objekt ohne – und das ist wichtig – Ähnlichkeit oder physische Verbindung zu ihm. Die Zeichenlehre von Peirce erscheint mir gerade deshalb heuristisch wertvoll, weil sie eine Diskrimination zwischen den ikonischen/ähnlichen, der Objektpräsenz bzw. seiner sinnlichen Erinnerungsspur noch sehr nahen Repräsentationen und eigentlich symbolischen/unähnlichen, ausschließlich durch die Objektabsenz zu generierenden Repräsentationen erlaubt.

Wie eingangs erwähnt, würdigt die Psychoanalyse durchaus die Bedeutung der »guten« Präsenz, ja des Ikonischen auf verschiedenen Stufen der Mentalisierung. Die Erinnerungsspur einer »positive realization« (Bion) des befriedigenden Objektes oder des sensorischen Tastbildes eines Hautkontaktes mit der Mutter entspricht

---

[11] Hörisch (2001, S. 49) zufolge war Platon der mächtigste Medienkritiker und ein Urvater des Bilderverbotes zum Schutze der eigentlichen Wahrheit. Zur weiteren Geschichte von Bilderverbot und Bilderstreit vgl. Hörisch, a. a. O.

durchaus einer - wenn auch ikonischen, nicht symbolischen - Repräsentation. Auch das Ikonische *re*-präsentiert, ver-*gegenwärtigt* zumindest potentiell Abwesendes. Eine Repräsentation allerdings ohne Verneinung (vgl. Freud 1925h) in vollem Sinne, weil bezüglich des Objektes recht ähnlich und ungetrennt und damit noch nahe an der pseudohalluzinatorischen Wahrnehmungsidentität. Sobald es aber um Kulturkritik geht, hat m.E. die Psychoanalyse die Tendenz, ihre Absenztheoreme im Gefolge des Garnrollenspiels (Freud, 1920g, S. 11 ff.) in einem normativen Negationsgestus als Grundlage von Denkfähigkeit *überhaupt* zu verabsolutieren. Ich glaube, daß es uns verwehrt wäre, die Art der Mentalisierung vieler stark medial sozialisierter Menschen erst einmal zu ermitteln, wenn wir konzeptuell Mentalisierung und Symbolisierungsfähigkeit kurzerhand gleichsetzten.

Was jedoch die *symbolische* Repräsentation angeht, so tritt die potentielle Absenz des Objektes als konstitutive Bedingung in ihr volles Recht. Nur durch gebührende Objektdistanz eröffnet sich der »potential space«, der m. E. gegenwärtig durch mediale Verklebungen schrumpft und in dem normalerweise Zeichen in immer größerer Unbildlichkeit, Unähnlichkeit *zum* Objekt und in wachsenden Freiheitsgraden *von ihm* erfunden werden können. Dann können langsam auch »Umwege« gegangen werden, erhält das reifende Denken Spielraum, gerade weil die Dialektik des Symbolischen Anwesenheit des Abwesenden und Abwesenheit des Anwesenden mitbedeutet. Das heißt nichts anderes, als nicht nur das Vermisste sich vorstellen, sondern auch das Vorhandene wegdenken zu können. An dieser Stelle, nicht bei jeder Mentalisierung, wohl aber bei der symbolischen Repräsentierung, hat auch die Verneinbarkeit der Sachen (vgl. Freud 1925h) einen festen Platz. Insofern die Feuerprobe der Symbolisierung im ertragenen Durchgang des Wunsches durch Trauer und Nichts besteht, meint das griechische *sema* Zeichen und Grab zugleich. Im Bezeichnen durchs *sema* wird das vergängliche *soma* zugleich bestattet wie verewigt (vgl. Hörisch 2001, S. 49).[12]

---

[12] Bei Proust (1913/1927, S. 384-386) gibt es eine sehr schöne Momentaufnahme dieses Symbolisierungsprozesses. »Ich schaute die drei Bäume an, ich sah sie deutlich vor mir, aber im Geiste spürte ich, daß sie etwas verdeckten, worüber ich keine Macht besaß, so wenig wie über Gegenstände, die zu weit entfernt sind, als daß man sie mit gerecktem Arm und ausgestreckten Fingerspitzen anders als nur einen Augenblick an der Oberfläche streifen kann [...] In ihren naiven, leidenschaftlich bewegten Gebärden glaubte ich die ohnmächtige Trauer eines geliebten Wesens zu erkennen, das den Gebrauch der Sprache verloren hat [...] Ich sah die Bäume entschwinden, sie streckten verzweifelt die Arme aus, ganz als wollten sie sagen: was du heute von uns nicht erfährst, wirst du niemals erfahren. Wenn du uns am Wege wieder in das Nichts sinken lässt, aus dem wir uns bis zu dir haben heraufheben wollen, wird ein ganzer Teil deiner selbst, den wir dir bringen konnten, für immer verloren sein.» – Der gelungene Schreibprozeß beweist, daß Totalverlust nicht eintrat, gerade weil *in* ihm das Verlorene zugleich symbolisch aufgehoben ist.

Die Leistungen dieses Durchgangs durch die Abwesenheit sind individuell wie kollektiv unverzichtbar, nicht nur bezüglich Frustrationstoleranz und Affektintegration. Insofern das Symbolische etwas bewahrt, das vorübergegangen, *praeter itum*, ist, birgt es in sich den Keim der Temporalität als einer wesentlichen Tiefendimension des Bedeutens. Wie eine Narbe trägt es die Ahnung von der letztlichen Unerfüllbarkeit des Wunsches.[13] Wenn, metaphorisch gesehen, zum Garnrollenspiel die Identifikation mit dem Aggressor gehört, der verstößt, so kehrt die Täter-Opfer-Dynamik sich um (vgl. Haas 2002b, S.344-345). Sofern das spielende Kind zugleich das Kind *und* die verstoßende Mutter ist und die Garnrolle zugleich das zuvor verstoßene Kind wie nun auch die jetzt verstoßene Mutter, und wenn beide Opfer zurückgeholt werden und wieder zusammenkommen können, kann man vermuten, daß Fragen von Schuld und Wiedergutmachung intrinsisch schon bei der Symbolbildung beteiligt sind. Es wären gleichsam Samen der Über-Ich-Bildung schon im gelungenen Symbol selber niedergelegt: als winzige Strukturen, wie Einschlüsse, die im Ikonischen fehlen.

Lust am Nichtdenken? Ich würde sagen: ja, durchaus Erregung statt Bedeutung, alles »live« statt Vergegenwärtigung über Trauerprozesse, Flash statt Dauer, Geländegewinne[14] für das mentale Niveau *»repräsentiert, unsymbolisiert«*, Zunahme ikonischer Denkstile und Unlust am symbolischen Denken mit Folgen, über die wir mehr ahnen als wissen. Eine knappe Diagnose lautet: »Die Daten, Rückstände des Unbeständigen, sind der Bedeutung entgegengesetzt wie das Plasma dem Kristall. Eine Gesellschaft, die die Stufe der Überhitzung erreicht hat [...] erweist sich als außerstande, einen Sinn zu produzieren, da ihre gesamte Energie von der informativen Beschreibung ihrer Zufallsvariationen in Anspruch genommen wird« (Houellebecq 2001, S. 77).

Von kommender Grazie

Worauf sollen wir uns einstellen? Gewiß nicht auf die romantische Fiktion eines traurigen Menschen, dem alles dinglich Entschwindende zum Reichtum an Bedeutung wird. Das Schrumpfen des symbolischen Vermögens hin auf einige kulturelle Reservate ist m. E. ein ernster Befund. Vielleicht droht eine symbolisch verfasste Ichidentität mit guten Ichgrenzen zum Selektionsnachteil zu werden, wo »flexible«, eher emblematische Identitätsentwürfe dem Logo unserer Zeit und den in ihr nötigen Überlebensinstinkten entsprechen. Die unter jungen Leuten grassierenden

---

[13] In den Worten Goethes (zit. n. Türcke 2002, S. 320): » [...] so, daß die Idee im Bild immer unendlich wirksam und unerreichbar bleibt und, selbst in allen Sprachen ausgesprochen, doch unaussprechlich bliebe«.

[14] Houellebecqs Roman *Ausweitung der Kampfzone* (1994) handelt hiervon.

»phantasy«-Rollenspiele[15] und die geläufigen Maskeraden beim *chat* im Internet unter wechselndem Logo/Geschlecht/sexueller Orientierung (vgl. Turkle 1998, S. 12 ff.) sprechen eine deutliche Sprache. Von den Objekten scheint im Übrigen vornehmlich erwartet zu werden, daß sie zuhanden sind, programmgemäß funktionieren und nicht zu viel Bedeutung erlangen. Die semiotische Progression droht in wachsenden Erfahrungsbereichen auf ikonischer Stufe, also näher an der videoclipartigen Wahrnehmungsidentität, stehenzubleiben. Auf der anderen Seite hieße aber der Grenzwert von Sinn und Bedeutung in aller und jeder Wahrnehmung: Paranoia. Zum psychischen Leben gehören auch bedeutungsarme Räume und Bedeutung, die mit dem Bilde, an dem sie klebt, erlischt. Das normale Seelenleben vollzieht sich nicht in reinen Denkidentitäten, sondern auch in Wahrnehmungsidentitäten, besonders in Freude und Lust. In Ogdens (1988) dreipoligem Schema der Generierung psychischer Erfahrung gibt es eine Zirkulation nicht nur zwischen paranoid-schizoider und depressiver, sondern auch autistisch-kontiguöser Position, allerdings mit der notwendigen Fähigkeit, coenästhetische, sensorische und schizoparanoide Elemente auf depressiver, also letztlich symbolischer Ebene zu bergen. Ich bin nach wie vor (vgl. Balzer 2001) der Auffassung, daß dieses Mobile individuell und kulturell immer mehr Schlagseite zum sensorischen Pol bekommt. Der Typus des neuen Grenzfalls wäre im Selbstgefühl sensorisch konstituiert mit bedrohlicher Leere und Sucht beim Ausfall seiner medialen Doppelgänger (vgl. Balzer, 2002).

Vielleicht sollte man sich diesen Typus als *immersiven* Menschen vorstellen. Er würde behende navigieren im Ozean der Icons, Logos, Indizes, Embleme, verfügte über schnelle Reflexe und das Vermögen, taktisch und strategisch geschickt in lokalen, flüchtigen Verweisungszusammenhängen zu folgern und zu reagieren, ohne sich mit tieferen Bedeutungen zu beschweren.[16]

In Kleists *Über das Marionettentheater* (1962, S.63) heißt es über die Anmut: »Er versetzte, daß es dem Menschen schlechthin unmöglich wäre, den Gliedermann

---

[15] Junge Leute verabreden sich zu fortgesetzten Treffen, auf denen sie gemeinsam in fiktionale Welten (z. B. der *Star wars*, des Mittelalters, der Protagonisten von Tolkiens *Der Herr der Ringe*) eintauchen, in autohypnotischer Gruppenregression mit den Figuren der gewählten Rolle verschmelzen und in dieser Kunstwirklichkeit allerlei Abenteuer bestehen. – Zumindest bei männlichen Jugendlichen ist die »LAN-Party« *(local area network)* in Mode gekommen: an ungestörtem Ort vernetzt man die Laptops, spielt mit- und gegeneinander kombattante Computerspiele und kann die Trefferquote am eigenen Bildschirm verfolgen. Durch gute Verproviantierung ist dafür gesorgt, daß der elektronische Krieg für viele Stunden oder ein ganzes Wochenende nicht unterbrochen werden muß.

[16] Vielleicht wäre es zum Verständnis medialer Reflexbögen an der Zeit, die »Bedeutungslehre« Jakob von Uexkülls, *Streifzüge durch die Umwelten von Tieren und Menschen* (1909), mit neuen Augen wieder zu lesen.

darin auch nur zu erreichen. Nur ein Gott könne sich auf diesem Felde mit der Materie messen; und hier sei der Punkt, wo die beiden Enden der ringförmigen Welt ineinandergriffen.« Vermutlich wird die Grazie des immersiven Typus, wenn er der Schwerkraft einer medial ganz und gar durchdrungenen Welt folgt, nicht gottähnlich sein, sondern doch eher die des alten Gliedermannes; gewitzter gewiß, aber auch gewaltbereiter vielleicht, wenn die Bildschirme dunkel werden und nichts mehr zu tasten ist.

Bibliographie

Anzieu, Didier (1985): Das Haut-Ich. Frankfurt am Main: Suhrkamp.

Baier, Lothar (2000): Keine Zeit! 18 Versuche über die Beschleunigung. München: Kunstmann.

Balzer, Werner (2001): Das Sensorische und die Gewalt. Mutmaßungen über ein Diesseits von Gut und Böse. In: Zeitschrift für psychoanalytische Theorie und Praxis, 16, S. 365-381.

Balzer, Werner (2002): Der arglose Doppelgänger. Mentale Gleichschaltung und falsche Sinnhaftigkeit bei der Behandlung narzißtischer Störungen. Im Druck.

Beland, Hermann (2002): Das Gespenst »ist wieder da«. Die Subjekte der Gesellschaft im Jenseits des Garnrollenspiels. In: DPV-Informationen Nr. 33, Oktober 2002, S. 17-23.

Benjamin, Walter (1982): Das Passagen-Werk. In: ders.: Gesammelte Schriften, Bd. V. 1, Frankfurt am Main: Suhrkamp.

Bick, Esther (1968): The experience of skin in early object relations.In: The International Journal of Psychoanalysis, 49, S. 484-486.

Bion, Wilfred R. (1962): Learning from experience. London: Heinemann.

Borges, Jorge Luis (1941): Die Bibliothek von Babel. In: ders.: Erzählungen 1. Gesammelte Werke, Bd. 3/I. München/Wien: Hanser, S. 145-154.

Bott-Spillius, Elizabeth (1994): Developments in Kleinian Thought: Overview and Personal View. In: Psychoanalytic Inquiry, 14, S. 324-364.

Eisenberg, Götz (2000): Von der Neurose zur Soziose. Wochenzeitung (Zürich) vom 22. Juni 2000.

Enzensberger, Hans Magnus (2002): Das digitale Evangelium. Propheten, Nutznießer und Verächter. In: ders.: Die Elixiere der Wissenschaft. Seitenblicke in Poesie und Prosa. Frankfurt am Main: Suhrkamp.

Fonagy, Peter (2000): Playing with reality: III. The persistence of dual psychic reality in borderline patients. In: The International Journal of Psychoanalysis, 81, S. 853-873.

Fonagy, Peter (2001): Attachment theory and psychoanalysis. New York: The Other Press.

Freud, Sigmund (1900 a): Die Traumdeutung. In: G. W., Bd. 2/3.

Freud, Sigmund (1911b): Formulierungen über die zwei Prinzipien des psychischen Geschehens. In: G. W., Bd. 8.

Freud, Sigmund (1915c): Triebe und Triebschicksale. In: G. W., Bd. 10.

Freud, Sigmund (1920g): Jenseits des Lustprinzips. In: G. W., Bd. 13.

Freud, Sigmund (1923b): Das Ich und das Es. In: G. W., Bd., 13.

Freud, Sigmund (1925h): Die Verneinung. In: G. W., Bd. 14.

Glasser, Mervin (1998): On violence. In: International Journal of Psychoanalysis, 79, S. 887-902.

Gross, P. (2002): Mobile Systeme. Das Ende der Gewißheiten. Zit. nach: Einladung der Firma USM Möbelbausysteme, Bühl, 26. September 2002.

Groys, Boris (1996): Der Wille zum Ausruhen. In: Klotz, Heinrich (Hg.): Die zweite Moderne. Eine Diagnose der Kunst der Gegenwart. München: C. H. Beck, S. 163-172.

Haas, Eberhard Th.(2002a [1999]): Ödipuskomplex und Ödipusfabel: Lebenstatsachen bei Sophokles. In: ders.: …und Freud hat doch recht. Die Entstehung der Kultur durch Transformation der Gewalt. Gießen: Psychosozial-Verlag, S. 111-134.

Haas, Eberhard Th. (2002b): Gewalt – Trauer – Kultur: Der Streit des *Ackermann* mit dem Tod und andere Duelle. In ders.: …und Freud hat doch recht. Die

Entstehung der Kultur durch Transformation der Gewalt. Gießen: Psychosozial-Verlag, S. 341-358.

Hörisch, Jochen (2001): Der Sinn und die Sinne. Eine Geschichte der Medien.Frankfurt am Main: Eichborn.

Houellebecq, Michel (2000): Ausweitung der Kampfzone. Reinbek bei Hamburg: Rowohlt (Original 1994).

Houellebecq, Michel (2001): Die Welt als Supermarkt. Reinbek bei Hamburg: Rowohlt.

Hühn, Volker (2002): Interview. In: Der Spiegel, Nr. 40, S. 67.

Imhof, K. (2002): Der hohe Preis der Moral. In: Neue Zürcher Zeitung vom 8./9. Juni 2002, S.51.

Joop, Wolfgang (2001): Glamour war gestern. In: Der Spiegel, Nr. 31, S.156-157.

Kaiser, Joachim. (2002): Stimmt das denn? In: Süddeutsche Zeitung vom 29./30. Juni 2002.

Kittler, Friedrich (2000): Literarische und programmierte Faktizität. In: Fiktion als Fakt. »Metaphysik« der neuen Medien. Jahrbuch für Internationale Germanistik, Reihe C, Bd. 4/5. Bern/Berlin/Bruxelles/Frankfurt am Main u. a: Verlag Peter Lang, S.39-43.

Kittler, Friedrich (2002): Short Cuts. Frankfurt am Main: Zweitausendeins.

Kleist, Heinrich v. (1962 [1810]): Über das Marionettentheater, Berliner Abendblätter (Dez. 1810). In: ders.: Prosastücke. Stuttgart: Reclam, S. 58-67.

Lecours, Serge & Bouchard, Marc-André (1997): Dimensions of mentalization: outlining levels of psychic transformation. In: The International Journal of Psychoanalysis, 78, S. 855-875.

Millner, Michael (1996): Das Beta-Kind. Fernsehen und kindliche Entwicklung aus kinderpsychiatrischer Sicht. Bern: Huber.

Oehler, Klaus (1981): Idee und Grundriß der Peirceschen Semiotik. In: Krampen, Martin; Oehler, Klaus; Posner, Roland & von Uexküll, Thure (Hg.): Die Welt als Zeichen. Klassiker der modernen Semiotik. Berlin: Severin und Siedler, S. 15-49.

Ogden, Thomas H. (1988): On the dialectical structure of experience – some clinical and theoretical implications. In: Contemporary Psychoanalyis, 24, S.17-45.

Plassmann, Reinhard (1993): Organwelten: Grundriß einer analytischen Körperpsychologie. Psyche, 47, S. 261-282.

Proust, Marcel (1973 [1913/1927]): Auf der Suche nach der verlorenen Zeit. Im Schatten junger Mädchenblüte, Bd. 2, Werkausgabe. Frankfurt am Main:1973: Suhrkamp.

Simon, M. (2002): Die Geek-Autismus-Connection. In: Telepolis, Magazin der Netzkultur, Verlag Heinz Heise. http://www.heise.de/newsticker/data/jk-26.03.02-006/

Türcke, Christoph (2002): Erregte Gesellschaft. Philosophie der Sensation. München: C. H. Beck.

Turkle, Sherry (1998): Leben im Netz. Identität im Zeichen des Internet. Reinbek bei Hamburg: Rowohlt.

Uexküll, Jakob von (1983 [1909]§§§): Streifzüge durch die Umwelten von Tieren und Menschen. Bedeutungslehre. Frankfurt am Main: Fischer.

Wenz, K. (2002): Welche Geschichten erzählen Computerspiele? Die Mühe der Wissenschaft, ein genreübergreifendes Medium zu definieren. In: Neue Zürcher Zeitung vom 18./19. Mai. 2002, S.55.

Winnicott, Donald W. (1958): Die Fähigkeit zum Alleinsein. In: Reifungsprozesse und fördernde Umwelt. Frankfurt am Main: Fischer 1984, S. 36-46.

Winnicott, Donald W. (1971): Playing and reality. London: Tavistock.

Joachim F. Danckwardt

Von der *Traumnovelle* (Arthur Schnitzler) zu *Eyes Wide Shut* (Stanley Kubrick) oder: Von der Bedeutungsidentität zur Identität durch erregte Selbstobjektivierung

Im Jahre 1926 erschien Arthur Schnitzlers *Traumnovelle.* Stanley Kubrick verarbeitete sie zusammen mit dem Drehbuchautor Frederic Raphael 1999 zum Film *Eyes Wide Shut.* Am Plot, am Stoff, an den Lebenstatsachen und Lebensproblemen eines darin portraitierten Ehepaares hat sich im Verlauf des Jahrhunderts nichts geändert. Geändert haben sich Theorie und Praxis, mit denen die Protagonisten sie bewältigen. Ein Vergleich kommt einem kulturellen Entwicklungstrend und damit einem Kulturrelativismus auf die Spur.

Die Liebe nach der großen Liebe

Beide Werke behandeln ein Jahrhundertthema: 48 Stunden im Leben eines Ehepaares nach neun Ehejahren. Eines Nachts, nach einer Party, konfrontieren sich ein gutsituierter Arzt und seine Ehefrau mit bislang verborgenen sexuellen Wünschen und erotischen Phantasien. Die Eheleute sind in einem Entwicklungsstadium ihrer Ehe angekommen, in dem die bange Frage laut wird, wie in der Ehe Liebe nach der großen Liebe sein kann. In Novelle und Film ist aus der großen Liebe noch keine Gleichgültigkeit geworden. Es besteht noch ein grundsätzliches Einverständnis als intakte affektive Basis. Über dem Kopf des 6-jährigen Töchterchens vereinen sich ihre Blicke liebevoll. Aber, allein miteinander, sind sie nüchterner geworden und eingestimmt auf Arbeit, Erziehungs- und Alltagspflichten. Ihre Intimitäten knüpfen sich an mehr Bedingungen. Diese wirken künstlich und affektiert. Im Eheleben von 1926 müssen Albertine und Fridolin bei Austern und Champagner »vergnügt plaudern, in eine Komödie der Galanterie, des Widerstandes, der Verführung und des Gewährens hinein, [...] als hätten sie eben erst Bekanntschaft miteinander geschlossen« (*Traumnovelle* zit. nach Schnitzler/Kubrick & Raphael 1999, S. 1-95). Im Eheleben von 1999 schaut Alice (Nicole Kidman) in *Eyes Wide Shut* »müde in den Spiegel des Badezimmerschranks. Sie öffnet ihn und nimmt eine Erste-Hilfe-Büchse heraus. Sie öffnet die Büchse und entnimmt ihr ein Päckchen Zigarettenpapier und eine Polyäthylentüte mit Gras« (Drehbuch *Eyes Wide Shut* zit. nach Schnitzler/Kubrick & Raphael 1999, S. 97-191). Die Intimitäten verblassen schneller. Und wenn das »Kind nach einem Alltag schlafen gegangen und von nirgendher eine Störung zu gewärtigen war, stiegen die Schattengestalten [...] wieder zur Wirklichkeit empor und [... frühere] Erlebnisse waren mit einemmal vom trügerischen

Psychoanalyse im Widerspruch, 17. Jahrgang, 2005, Heft 33, S. 57-74.

Scheine versäumter Möglichkeiten zauberhaft und schmerzlich umflossen« (Erg. JFD).

Doch sei vorweggenommen: wegen der noch intakten inneren Beziehung und einem schmerzlichen, am Ende erfolgreichen Kampf um diese Liebe nach der großen Liebe enden beide Kunstwerke – 1926 die Novelle und 1999 der Film – nicht in Resignation oder persönlichen Katastrophen. Trotz aller Vorkommnisse entscheiden sich beide Paare für eine gemeinsame Zukunft. Aber auf die Preisgabe verborgener Phantasien reagiert jeder Protagonist umflort und gekränkt. Der Ehemann antwortet mit machoidem Besitzdenken und Beziehungsabbruch: ein Notruf zu einem nächtlichen Krankenbesuch beendet vorerst die ins nach vorn Offene aufgebrochene Auseinandersetzung. Er nutzt den professionellen Anlaß, um nicht sofort nach Hause zurückzukehren. Während die Ehefrau schließlich schon mal ins Bett geht und den Zwist in einem langen, den Ehemann vernichtenden und sich selber Wünsche erfüllenden Traum verarbeitet, läßt er sich eifersüchtig und rachelüstern von den Zufällen und Gelegenheiten der Metropolen – 1926 Wien, 1999 New York – erregen. Man kann auch sagen: während sie Wünsche träumt, ja, in den 48 Stunden des Films nicht ein einziges Mal das Haus verläßt, versucht er, ständig aushäusig, sie in der äußeren Wirklichkeit zu realisieren. Ihrer Sexorgie im Traum mag seine Sexorgie in einer geheimen Gesellschaft entsprechen, in die es ihn auf seiner Tour durch die Stadt getrieben hat. Während sie träumt, schliddert er in wenigen Stunden und dicht erregenden Abfolgen von einem Beinahe-Ehebruch zum anderen: zuerst in die Affäre mit der Tochter des Gestorbenen, dann in die Affäre mit einer anschaffenden Studentin, danach in eine homosexuell aggressive Attacke mit einer vorüberziehenden Schülerhorde, die Tunten klatschen, und schließlich gerät er in die adoleszent homophile Kumpanei mit einem früheren Studienfreund, eine mysteriöse geheime Veranstaltung, geschlossene Gesellschaft, geladene Gäste, zu besuchen, in der der Freund mit verbundenen Augen zur Orgie das sphärische *Ricercata II* von Ligeti aufspielt[1] und währenddessen lüstern durch einen Spalt unter der Augenbinde hindurch späht: »Bill, ich sage dir, ich habe wirklich schon 'ne ganze Menge gesehen. Aber niemals, niemals so etwas, wie das. Niemals solche Superfrauen.« Vor dem verheißungsvollen Besuch muß der Ehemann aber noch Maske und Kostüm besorgen. Dabei wird er geschwind Zeuge, wie der Kostümverleiher seine minderjährige Tochter an zwei verkleidete Japaner verkuppelt. Maske, Kostüm und Orgie werden zu Symbolen für eine entindividualisierte Liebe, in die sich der Ehemann immer tiefer verwickelt. Wenn auch alle Unternehmungen durch ängstlichen Verzicht, Versagung und Ertapptwerden nicht das »Ende des Regenbogens« erreichen, so läßt sich der Ehemann doch am folgenden

[1] Zur Sprache der Musik vgl. Schultheis 2004 und Türcke 2001.

Tag wie unter einem Wiederholungszwang in die Neuauflage dieser psychologischen Verstrickungen der Erwachsenen um Haß und Liebe, Ehebruch und Treue, Eifersucht und Perversion, Rache und Versöhnung, vor allem in seine Veränderungsängste und in eine schmerzlich ungewiß bleibende Zuversicht ein. Die zentrale Gefahr für die Liebe nach der großen Liebe besteht sowohl bei Schnitzler als auch bei Kubrick darin, daß sich die erotischen Wünsche noch weiter von der personalen Bindung an den Anderen lösen und eine selbständige Existenz führen, so daß Liebe noch mehr durch Trieb abgelöst wird und die bleibende bürgerliche Vergesellschaftung nur zum Preis des Triebverzichts oder eines maskierten Doppellebens zu haben ist.

In einer Welt, in der die hier skizzierten unweigerlichen Schwellensituationen mit hohen Scheidungsraten, Single-Existenz, offener Ehe, Lebensabschnitt-Partnerschaft und sogar Heirat unter nicht homosexuellen Gleichgeschlechtlichen vermieden werden können, fragen sich Leser und Cineasten, wie das unsterbliche Jahrhundertpaar nach 48 Stunden glaubhaft zu dem optimistischen Ende gelangen konnte, zusammenzubleiben, »herauszukommen aus all unseren Abenteuern. Ob sie nun real waren oder nur geträumt« sind. In der Novelle gilt dieses gute Ende nur »für lange«, so sagt die Ehefrau. Eben nicht »für immer«, das wollte der Ehemann – immer noch ziemlich hilflos wirkend – hinzufügen. »Aber noch ehe er die Worte ausgesprochen, legte sie ihm einen Finger auf die Lippen und, wie vor sich hin, flüsterte sie: ›Niemals in die Zukunft fragen‹.« Damit endet die Novelle. Aber im Film muß Nicole Kidman in ihrer gedehnten Sprechweise einen endlos formulierten Satz hinzufügen: »Äh, ja, und es gibt etwas sehr Wichtiges, das wir äußerst dringend machen müssen.« Tom Cruise: »Was denn?« Nicole Kidman: »Ficken.« Hier erst endet der Films mit einem Blackout. Mit einem Blackout begann er auch: Nach der Einstellung »Eine wunderschöne Frau, Alice, steht mit dem Rücken zur Kamera und läßt ihr elegantes, schwarzes Kleid zu Boden fallen« sah man schwarz. Der Film endet also in einer Endlosschleife der Wiederholungszwänge.

Von der Krisenbewältigung durch (Be-)Deutung zur Krisenbewältigung durch erregte Selbstobjektivierung

So weit der Stoff, aus dem das Leben nach der großen Liebe ist. Was nun führt bei Schnitzler und Kubrick zu einem guten Ende, zur vorläufig gelungenen Verarbeitung der Lebenstatsachen und Lebenskrisen? Ein Vergleich beider End-Dialoge gestattet eine vorantastende Annahme. Auf den ersten Blick scheinen sich Schnitzler und Kubrick einig. Eheleute schaffen das Kunststück, sich der Liebe nach der großen Liebe wieder sicherer zu werden, durch viel Zeit miteinander – zweieinhalb Stunden Spielzeit – für Geständnisse und Aufrichtigkeit, für Zusehen und Zuhören, Durchleiden und Verstehen. Schnitzler und Kubrick wirken in dieser Hinsicht beinahe wie gelungene Beispiele für paartherapeutische Lebenshilfen. In der Tat ist die *Traumnovelle* als Hommage für Freuds psychoanalytische *Traumdeutung* mitkonzipiert worden. Diese sozusagen gesprächstherapeutische Grundstrategie gilt für beide Autoren. Dann aber trennen sich die Wege. Sie, die Ehefrau bei Schnitzler – Albertine –, schafft das Kunststück erst durch weitere seelische Arbeit an der Auslegung und (Be-)Deutung des Erlittenen und Erlebten. Und das geschieht bei ihr vor allem durch psychologische Einsicht, insbesondere mithilfe ihrer intuitiven Traumdeutung: »Ich ahne, daß die *Wirklichkeit* einer Nacht, ja daß nicht einmal die eines ganzen Menschenlebens zugleich auch seine *innerste Wahrheit* bedeutet« (Hervorh. JFD). Albertine hat Außen- und Innenwelt, äußere Realität und innere psychische Realität und damit die bloßen faktischen Wirklichkeiten und die innersten Wahrheiten, die wirklichen und geträumten (und sekundär projizierten) Abenteuer auseinanderzuhalten gelernt. Durch Introspektion gelangt sie zu der Gewißheit, Fridolin zu lieben *und* zu hassen. Daß Alice Bedeutungen wichtig sind, unterstreicht Kubrick in einer kurzen Szene, in der sie ihrer Tochter Helena bei der Arbeit an Bedeutungen hilft. Helena fragt bei einer Schulaufgabe mit der Frage, wie viel Geld Joe mehr hat als Mike: »Rechnet man da Plus oder Minus?« Alice antwortet: »Ähm, ›viel mehr‹ *bedeutet*, man rechnet Minus, oder?«

Nun zurück zu den getrennten Wegen. Das Resultat, aufgewacht zu sein, festgestellte und nicht verleugnete innere und äußere Erlebnisse auf die Bedeutung hin einzusehen, reicht Kubrick nicht aus. Bei Kubrick sagt Alice zwar auch: »Die Wirklichkeit einer verwirrenden Nacht, sogar die Wirklichkeit unseres gesamten Lebens, kann niemals die *volle Wahrheit* sein« (Hervorh. JFD). Der Unterschied zu Schnitzlers Äußerung ist aber der, daß Alice einer nur deutenden Einsicht in die Trennung von Innen und Außen, in die Trennung von äußerer faktischer Wirklichkeit und innerster Wahrheit nicht traut. Kubricks Topos »volle Wahrheit« ist nicht identisch mit Schnitzlers »innere Wahrheit«. Wegen dieser von Kubrick vertretenen *Unzulänglichkeit von Deutung und Einsicht* endet sein Film auch nicht wie bei Schnitzler: »Und so lagen sie beide schweigend, beide wohl auch ein wenig schlummernd und *einander traumlos nahe* – bis mit [...] einem sieghaften Lichtstrahl durch den Vorhangspalt und einem hellen Kinderlachen von nebenan der neue Tag begann« (Hervorh. JFD). Bei Kubrick schließen die Protagonisten nicht mit dem Erreichen dieser still befriedeten häuslichen (Be-)Deutungsidentität. Kubricks Filmdialog wird aus der heimischen Besonnenheit in die audio-visuell erregende und verheißungsvolle Konsumwelt eines New Yorker Warenhauses für Kinderspielzeug verlegt und erregend zugespitzt: »Äh, ja, und es gibt etwas Wichtiges, das wir äußerst dringend machen müssen.« »Was denn?« »Ficken.«

Kubrick ist also davon überzeugt, daß ein weiteres Gelingen der Liebe nach der großen Liebe nicht allein von psychologischer Befriedung, sondern auch von Erregung abhängt. Das ist Kubricks Neuinterpretation von Schnitzlers *Traumnovelle.* Kubricks Credo lautet, abstrahiert ausgedrückt: Der Fortbestand der Beziehung hängt über die Bedeutungsidentität hinaus ab von einer Identität durch erregte Selbstobjektivierung. Kubricks Interpretation der unsterblichen Lebenstatsache stellt einen Kulturwandel seit Schnitzler dar. Der heutige Mensch funktioniert psychologisch nicht allein nach der Devise »Ich sehe ein, also bin ich«, sondern zusätzlich nach der Devise »Ich bin erregt, also bin ich.« Kubrick hat seine kulturrelativistischen Ansichten über moderne seelische und gesellschaftliche Entwicklungen in einen erregenden Bilder- und Szenensturm und in überlaufende Farbbäder gefaßt. Es sind Ansichten auf eine Gesellschaft, die ihre Identität über Erregung definiert. Der Film demonstriert einen zeitgenössischen Trend von Identitätsbewußtsein und damit auch zeitgenössische Wege der Identitätsentwicklung. Die Entwicklung des Identitätsbewußtseins hat sich von idealistischen Visionen wie »Ich denke, also bin ich« (Descartes) zu »Ich fühle, also bin ich« (Damasio)[2] hin entwickelt, und greift – auf den Augensinn verkürzt – auf Berkeleys (1685-1753) Formel von Anfang 1700 zurück: »Esse est percipi«, »Sein ist Wahrgenommenwerden«.[3] Diesen Weg beschreibt die Gesellschaftsdiagnose des Leipziger Philosophen Christoph Türcke (2002) in seiner Philosophie der Sensation.

Schnitzler und Kubrick behandeln am Beispiel der Ehen die *Urangst in der Liebe: den traumatischen Verlust der Gewißheit zu lieben.* Beide Kunstwerke zeigen die Abwehr des Verlusts zu lieben. Individuell: projektiv-verleugnend in der Erwartung, geliebt zu werden, und die Wiederkehr des Verlusts im Anderen. Gesellschaftlich: mit einer unter pseudoreligiösem Ritual zelebrierten Orgie, diesen Verlust (zu lieben) zu reinszenieren, um sich nicht mehr als sein passives Opfer zu erleben. Jeder erregt jeden triebhaft und ist doch zugleich der Verlorene – grotesk verdichtet in der Szene, in der die Superfrauen, unter Maske und Tanga entindividualisiert, den Liebeskuß quasi im Kreis weiterreichen: es küssen sich die Masken auf die Münder.

Selbstobjektivierung in der Vorlust

Solche Erkenntnis bei Kubrick nur aus der Gegenüberstellung der *Endszenen* von *Eyes Wide Shut* mit der *Traumnovelle* abzuleiten, wäre schwach argumentiert. Es müßte schon der gesamte Film in diesem Sinne verifizierbar sein. Die Tatsache der feinen dialogischen Differenzen in den Enddialogen der Novelle und des Films

---

[2] Vgl. hierzu Antonio Damasios Buch von 1994 *Descartes' Error. Emotion and Reason and the Human Brain.* (deutsch: Damasio 1995) sowie vom selben Autor *Feeling of what Happens. Body and Emotion in the Making of Consciousness*, erstmals 1999 erschienen (deutsch: Damasio 2002).

[3] Ich verweise speziell auf George Berkeley: *Eine Abhandlung über die Prinzipien der menschlichen Erkenntnis* sowie auf den *Versuch über eine neue Theorie des Sehens*; vgl. dazu Konersmann 1999, S. 131-156.

macht eine ausgedehntere Untersuchung vielversprechend. Was hat Kubrick von Schnitzlers Vorlage übernommen und was nicht? Was hat er hinzugefügt?

Der Vergleich der *Anfangsszenen* in Novelle und Film ist aufschlußreich. Schnitzlers Novelle beginnt mit der Unterhaltung des Ehepaares – Albertine und Fridolin – über die Erlebnisse auf dem gestrigen Ballfest vor Karnvalsschluß in diesem Jahr. Die Erlebnisse werden von Schnitzler unausgeschmückt knapp als »enttäuschend banal« zusammengefaßt. Sie werden nicht in Sprachbilder gefaßt. Das Urteil veranlaßte das Ehepaar, sich im Büfettraum bei Austern und Champagner zusammenzusetzen, »sich vergnügt zu plaudern [...], und nach einer raschen Wagenfahrt durch die weiße Winternacht sanken sie einander daheim zu einem schon lange Zeit nicht mehr so heiß erlebten Liebesglück in die Arme.« Danach folgt ein grauer Morgen mit Alltagspflichten, Mutterpflichten und Arbeit. Am Abend greift das Paar die Erlebnisse auf dem Ball wieder auf, und Albertine gesteht Fridolin – nun in ausführlichen dichterischen Bildern und Szenen – ihr heftiges erotisches Verlangen nach einem Offizier im letztverflossenen Sommerurlaub am dänischen Strand ein. Darauf antwortet Fridolin – sichtlich gekränkt – seinerseits mit dem Eingeständnis, daß auch er am Strand von einem ganz jungen »vielleicht fünfzehnjährigen Mädchen mit aufgelöstem blonden Haar, das über die Schultern und auf der einen Seite über die zarte Brust herabfloß«, wunderbar lächelnd, fasziniert war. Auch er schildert sein Erlebnis in ergreifenden Bildern und eindrücklichem beinahe Gelingen. Tief getroffen und mit »umflorten Auge« erinnert sich daraufhin Albertine an seine Jünglingserlebnisse, die er ihr in den ersten Ehejahren verraten hatte. Und sie kontert erneut mit der Preisgabe einer bildintensiven Schilderung ihrer Verführbarkeit. Die Erzählung entpuppt sich zwar als Bericht darüber, wie die Eheleute sich kennen- und heiraten gelernt haben, nun aber mit einem Fridolin erneut tief kränkenden Zusatz: »Lag es nicht an mir, daß ich noch jungfräulich deine Gattin wurde? [...] Und wenn an jenem Abend zufällig ein anderer am Fenster gestanden hätte und ihm wäre das richtige Wort eingefallen?« An dieser Stelle der aufgetürmten Wahrheiten wird das Gespräch durch einen ärztlichen Notruf unterbrochen. Davon kehrt der virtuell gehörnte und gekränkte Ehemann jedoch nicht zurück. »Bitterkeit gegen sie stieg in ihm auf und ein dumpfer Groll gegen den Herrn aus Dänemark mit der gelben Reisetasche auf der Hotelstiege.« Er kann seine Frau (und den Mann) nicht mehr lieben und dehnt den Notruf eifersüchtig und rachelüstern zu seinem Streifzug durch Wiens Vergnügungswelt aus. Davon kehrt er erst in den frühen Morgenstunden zurück und findet Albertine in einem Alptraum vor, aus dem er sie erweckt und sie anhält, ihn kathartisch loszuwerden. Dieser Alptraum, der über mehrere Seiten in intensiven Bildern erzählt wird und Fridolin erneut kränkt, bildet Albertines unbewußte seelische Verarbeitung ihrer Wünsche und Kränkungen vom Vorabend. Es ist ihr Königsweg zu ihrem Unbewußten. Sie macht sich klar, daß sie es ist, die ihren Mann haßt.

Kubrick hält sich nur an Teile der literarischen Vorlage. Das übrige Traumleben und die gesamte Traumarbeit läßt er beiseite. Das ist nicht das erste Mal, daß er eine literarische Vorlage stark verändert. Auch zu Nabokovs *Lolita* hat er eine eigene Version in Szene gesetzt. Die Untersuchung ist aufschlußreich, ob und wie Kubrick auch die übrigen von Schnitzler dichterisch ausgearbeiteten *inneren* Bilder und Szenen, die *innere psychische Realität und ihre Arbeit*, z. B. in der Form der *Erlebniserinnerungen*, in Szene gesetzt hat. Er streicht sie dem Mann, Bill, einfach weg. Fridolins laszive Erinnerung an das 15-jährige Mädchen fehlt bei Kubrick gänzlich. Der Frau, Alice, läßt er zwar die Offizierserinnerung. Aber die *innere psychische* Realität in Form von Albertines *Traum* vom manifesten Haß auf den Ehemann wird reduziert. Vom schnitzlerschen Reichtum an Sprach- und Vorstellungsbildern bleibt nicht viel übrig, was dann besonders auffällt, wenn man sich klarmacht, daß sich Kubrick an anderen Stellen sehr genau an Schnitzlers Vorlage hält. Was ist die Zielrichtung einer derartig selektiven Inspiration? Meiner Meinung nach ›korrigiert‹ Kubrick Schnitzlers Sicht ins Postmoderne hinein. Er findet Schnitzlers Königsweg der Introspektion beim modernen Mensch als Identitätsgenerierung überbewertet und ohne den Weg der erregten Selbstobjektivierung wenig erfolgversprechend. Daher inszeniert Kubrick erregte Selbstobjektivierung in reichhaltigen *äußeren* Bildern, zum Beispiel gleich zu Beginn die *äußere Realität* der Ballnacht. Die Selbstbestätigung durch erregte Selbstrealisierung wird üppig-schwelgerisch entwickelt. Im Film werden interessanterweise genau diejenigen Bilder aufwendig sinnlich ausgeführt und um eine prächtige Darstellung der gesellschaftlichen Position des Ehepaares sowie um die sexuellen Eskapaden des Gastgebers mit einer unter Drogen zur Edelnutte zugerichteten ehemaligen Miss New York bereichert, die Schnitzler nur abstrahiert hatte. In diesem von Lichtwasserfällen, orangenen Farbbädern und umfließendem Dolby-Surround überbordenden Szenario läßt sich Bill von zwei entzückenden Models – Gayle und Nuala – durch strahlende Bewunderung und reibendes Anschmiegen in die Mitte nehmen und in die Richtung führen, »wo der Regenbogen endet.« Alice hinwiederum trinkt »zwei Schlückchen zu viel« und wird von dem Ungarn Zsavost in unglaublich gekonnt-dreister Weise von Sinnen gebracht: »Oh. Die Ehe wird doch überhaupt erst dadurch reizvoll, daß sie beide Seiten zwingt, sich etwas vorzumachen [...] Frauen [haben] früher einmal geheiratet: [weil sie] nur auf diese Art ihre Jungfräulichkeit verlieren konnten – um mit anderen Männern das zu machen, was sie wollten. Mit denen, die sie wirklich wollten.« Gebannt verfolgt man bei diesen Dialogen der deutschen Fassung die in der internationalen Filmgeschichte einmalige Synchronregie. In dem Film wurde die übersetzte Dialogliste nicht nur lippen- und rhythmussynchron frontal bei laufendem Bild eingesprochen. Edgar Reitz, der noch vor Kubricks Tod ausdrücklich zur Synchronregie ausersehen war, hatte die Synchronschauspieler beim Sprechen in den verschiedenen akustischen Räumen des Films und analog zur Filmhandlung sich bewegen, z.

B. tanzen lassen und diese Dialoge dann mit Mikrophonen an der Angel aufgenommen. Dadurch entstand eine ganz andere Körperlichkeit in der Sprache. Kleidergeräusche, Körpergeräusche und Schritte wurden mitsynchronisiert. Stimme, Gesicht und Körper wuchsen so mit dem Körper des Originalschauspielers zusammen und die erregenden Subtexte, die in einem Satz enthalten sind, traten zutage (Reitz 2004), vor allem aber die Vorlust.

Diese dergestalt aufgeheizten Situationen enden allesamt frustran. Die angeturnte Vorlust kollabiert schmerzhaft unter Schuldängsten, springt dann wie unter Wiederholungszwang aufgereizt wieder an, entweicht erneut, springt wie bei einem Tonabnehmer immer wieder in ein und dieselbe Rille und so fort. Dergestalt sowohl entfacht als auch um ihre Beziehung bangend, kehrt das Ehepaar nach Hause zurück und wird intim. Dabei entsteht im Film die durch Buch-Cover und Plakatierung bekannte Szene, in der er ihren Mund sucht – mit geschlossenen Augen, also mit einem Blick nach innen: ›Eyes Shut‹, während sie mit geöffneten Augen an seinem Gesicht vorbei nach außen auf einen imaginären Partner späht: ›Eyes Wide‹. So entwickelt sich langsam die Deutung des mysteriös anmutenden und unübersetzbaren Filmtitels *Eyes Wide Shut.* In der häuslichen sexuellen Intimität wird die auf dem Ball mit Gayle und Nuala sowie mit Zsavost begonnene sexuelle Aufladung zum Abschluß gebracht. Der Filmtitel bedeutet also eine Verdichtung: nämlich soviel wie ›Ehebruch im Ehebett‹ – oder moderner ausgedrückt: der virtuelle ›Swinger-Club daheim‹. Dabei verzichtet Kubrick auf die Überbetonung der *inneren* Realität, die ihm bei Schnitzler erschien. An ihrer Stelle inszeniert er eine unter Drogen am nächsten Abend offen ausbrechende aggressiv hoch erregte Auseinandersetzung, in der Alice Bill vorhält, daß er – im Gegensatz zu ihr – ein inneres Fremdgehen verleugnet, wenn er sexuelle Erregungen bei einer Brustuntersuchung in der ärztlichen Praxis abstreitet. Sie deutet ihm, daß er die beiden Models ›ficken‹ wollte. »Millionen Jahre Evolution, nicht? Männer müssen ihn reinstecken, wo es geht. Aber für Frauen geht es nur um Geborgenheit und Bindungswunsch und wer weiß was für einen Scheiß.« »Sehr stark vereinfacht, Alice, aber ja. So was in der Art.« »Wenn ihr Männer doch nur wüßtet.« Auch in dieser Szene geht Kubrick also noch ein beträchtliches Stück weiter als Schnitzler: Er inszeniert auch Stadien einer Erregtheit, die nicht nur eine sexuelle, sondern auch eine aggressive Selbstobjektivierung garantiert. Schnitzler hingegen beschreibt mit Albertine eine Frau vor hundert Jahren, deren aggressive Selbstverwirklichung noch zurückgenommen, überhörbar und gewissermaßen diplomatisch andeutend ausfällt.

Die markantesten Passagen, in denen der Unterschied zwischen Deutung und erregter Selbstobjektivierung erkenntlich wird, kann man in den Bordellszenen mit Domino bzw. Mizzi finden. Bei Kubrick sind Vorlust und Erregung inszeniert. Die erregte Selbstobjektivierung wird von Domino in der Vorlust wortlos und behutsam aufgebaut. Sie wird dann vom Handy als Symbol für Ertapptwerden und

Schuldangst abgedreht: »War das Frau Dr. Bill?« Bei Schnitzler endet der Besuch ebenfalls frustran. Dort aber geht es (be-)deutend zur Sache. Zuerst kommt Fridolin in der Erinnerung »in seine Knabenjahre zurück, daß dieses Geschöpf in reizte.« Dann, nach einem erfolglosen »Ist's dir jetzt recht« und seinem »Ich bin wirklich müde«, deutet die 17-jährige Mizzi: »Du fürchtest Dich halt, sagte sie leise, und dann vor sich hin, kaum vernehmlich ›schad‹! Dieses letzte Wort jagte eine heiße Welle durch sein Blut. Er trat zu ihr hin, wollte sie umfassen, erklärte ihr, daß sie ihm *völliges Vertrauen* einflößte. [...] Sie widerstand, er schämte sich und ließ endlich ab. Sie sagte: ›Man kann ja nicht wissen, irgendeinmal muß es ja doch kommen. Du hast ganz recht, wenn du dich fürchten tust. Und wenn was passiert, dann möchtest du mich verfluchen‹« (Hervorh. JFD).

Kubrick und der amerikanische Mann

Nach der Uraufführung des Films in Amerika berichtete *tvspielfilm.msn.de* über die Publikumswirkung: »Gott ist tot, aber die Trauer der Filmgemeinde währte nur wenige Wochen: Am 7. März 1999 erlag Stanley Kubrick einem Herzinfarkt, am 16. Juli 1999 kam sein Vermächtnis [*Eyes Wide Shut*; JFD] in den USA in die Kinos. Doch die Welt fiel nicht wie sonst auf die Knie, selbst der seltsam ängstliche Respekt vor dem Über-Regisseur wich dem Urteil: ›Altmännerphantasie‹. Und als *Eyes Wide Shut* am zweiten Wochenende auch noch an der Kinokasse einbrach, erklärte ein hohes Tier der produzierenden Warner-Studios, ihr Film sei nun mal vom Tom-Cruise-Plateau auf Kubrick-Niveau abgestürzt. Wieso diese cineastische Blasphemie?«

Für diese Frage gibt ist es in der amerikanischen Gesellschaft sicherlich zahlreiche Antworten. Eine erste ist die, daß die amerikanische Zensur Anstoß an den unverhüllten Körpern und an der unverstellten sexuellen Orgie nahm. Der zweite Punkt ist das im Film entworfene Bild vom amerikanischen Mann. Das in diesem Film gezeichnete, unter einer gesellschaftlich gekonnten Maske verborgene, begriffsstutzige, hilflose, psychologisch komplizierte und ins Dunkle der Seele führende Mannsbild entspricht nicht dem Selbstverständnis eines Amerikaners.

Als ein Grund für den Flop des Films in Amerika wurde genannt: »Altmännerphantasien«. Mit dieser verdichteten Bezeichnung war ausgedrückt, daß die von Kubrick im Film vertretene Psychologie des (amerikanischen) Mannes abgelehnt wird. Welche psychologischen Einzelannahmen sind in der nicht gerade schmeichelhaften Verdichtung untergebracht? Schon in der Einleitung des Filmes präsentieren sich »Bill« und Tom Cruise als (amerikanischer) Ehemann, der seine Frau nicht mehr anschaut und gedankenlose, klischierte Antworten zu ihrer Frisur gibt; der von seiner Frau erwartet, daß sie weiß, wohin er seine Brieftasche verlegt hat – und sie weiß, daß sie es zu wissen hat; der nicht weiß, wie die Babysitterin ihres Kindes heißt; der zuerst den Gastgeber, dann die Gastgeberin begrüßt; der richtiggehend strahlt und die Fäuste boxerisch andeutend hin- und herfliegen läßt, wenn er mal einen Mann trifft (Ziegler, Nightingale); der seine Frau nicht mehr richtig kennt (beim Tanz: »Kennst du irgendjemand hier?« »Nicht eine Menschenseele«); der sich von anderen Frauen bereitwillig erotisieren läßt (Gayle und Nuala); der in allen Problemsituationen ein Pokerface aufsetzt und mit (ärztlichen) professionellen Mitteln der Gesprächsführung zuhört (»Sekunde – locker, Alice. Dieser Pott macht dich irgendwie aggressiv«); der innerlich mit machoidem Beziehungsabbruch reagiert; der in seinen Gedanken die von seiner Frau virtuell, d. h. nur der Möglichkeit nach, in Betracht kommende Untreue-Szenen imaginativ ausführt, wiederholt ausschmückt und dabei nicht merkt, wie er in den von ihm gestalteten sexuellen Szenen immer wieder dem erregten Mann zuschaut; der nicht merkt, daß er bei der sexuellen Orgie in der geheimen Gesellschaft immer auch den erregt agierenden Männern zuschaut; für den nichts schlimmer ist, als sich vor der versammelten geheimen Gesellschaft nackt ausziehen zu müssen (hier wird der Strip in fetischistischer Dynamik als Kastration aufgefaßt), während es im schnitzlerschen Original darum geht, die Maske abzulegen, d. h. den Verlust der Individualität rückgängig zu machen, wieder ›persona‹ zu werden, womit er einverstanden wäre, wenn das alle Beteiligten der geheimen Gesellschaft auch täten (konfrontativ deutender Umgang mit dem Problem bei Schnitzler); der nicht merkt, daß er ein Panoptikum an perversen Phantasien in sich bereit und von außen jederzeit aktualisierbar hat (z. B. bei Kubrick die ergreifende und nicht zurückgewiesene Umarmung Bills durch die 17-jährige Pierette, bei Schnitzler die pädophile Phantasie mit dem 15-jährigen Mädchen, die Kubrick vielleicht weggelassen hat, weil sie in Amerika ein Politikum ist, an dem schon ein anderer Regisseur – Polanski – scheiterte); der sagt, niemals würde er seine Frau anlügen, um es dann eine Stunden später zu tun (»Wir warten gemeinsam auf ein paar Verwandte«. Domino: »War das Frau Dr. Bill?«); der nicht merkt, wie hilflos er auf die Lebenstatsachen des Geschlechterkampfes reagiert (der Millionär Ziegler mahnt ihn: »Okay Bill. Jetzt ist Schluß mit dem Kinderkram, okay?«); der – im Gegensatz zur Frau, die träumen kann – Tagträume überwiegend projizierend-performativ, also externalisierend handhabt, die Tatsache, daß er die Welt damit ausgestattet hat, nicht bemerkt; der unter dem erwartungsgemäßen Scheitern nach 48 Stunden, »emotional ein Wrack«, in unkontrolliertes Schluchzen und in einen Geständniszwang ausbricht: »Ich erzähl dir alles. Ich erzähl es dir von Anfang an«; der am Ende des dramatischen Zusammenbruchs »beschämt, gedemütigt und reuevoll ausschaut«, immer noch regressiven Ewigkeitsvorstellungen von zeitloser Liebe nachhängt und sich von seiner Frau einweisen lassen muß, was seelisch als nächstes dran ist. Es ist ein Mann, der bei Kubrick nicht introspektiv-reflektiv und deutend wachsen kann, sondern seine Identität aus der Tatsache der erregten Selbstobjektivierung zu schöpfen versucht und sich ihr wie in verhaltenspsychologischen Expositionen aussetzt. Kubricks Sicht vom amerikanischen Mann ist für Amerikaner unhaltbar. Gibt es noch mehr Unverdauliches?

Kubrick und der Geschlechterkampf

Kubrick verlegt den von Alice aufgenommenen Geschlechterkampf zwischen Frau und Mann ins Mentale. Er schreibt Alice Bedeutungsidentität und Bill Identität durch erregte Selbstobjektivierung zu. Diese Polarisierung gibt es bei Schnitzler noch nicht so ausgeprägt. Bedeutungsidentität und Identität durch erregte Selbstobjektivierung stehen als vorherrschender mentaler Funktionsmodus repräsentativ für das jeweilige Geschlecht. Darin kann sich Kubrick Freud nahe fühlen. Der erkannte, daß das Ich in seiner Entwicklung vor allem ein körperliches ist (Freud 1923b, S. 253). Bei der Frau wäre es zunächst gleichsam ein ›innenliegendes‹, beim Mann gleichsam ein ›außenliegendes‹, besser: ein innengerichtetes und ein außengerichtetes. Ihre Handlungsmodalität wäre dann vornehmlich introjektiv, seine vornehmlich projektiv. Diese Polarisierung setzt sich im Film bis in die kubricksche Farbenlehre fort. Die Farbauseinandersetzung oszilliert zwischen den warm-umfassenden Rot-Orange-Tönen und den windows-fernseh-kühl-abweisenden Blautönen. Erstere sind Kubricks Ehefrau, der Malerin Christiane Kubrick, geschuldet, die zusammen mit ihrer Tochter Katharina Hobbs für die oknophile Innenausstattung mit Bildern, d. h. mit inneren Objekten zeichnet.

In dem von Kubrick aufgedeckten mentalen Geschlechterkampf kommt »man« nicht gut weg. Wenn auch nur wenige von Kubricks Charakterisierungen zuträfen und wenn man die in anderen (amerikanischen) Männern des Films untergebrachten Portraitierungen nicht hinzuzählte, dann würde das Wenige ausreichen, um den amerikanischen Kinogänger zu empören.

Schnitzler und der österreichisch-ungarische k.u.k. Mann

Die auf dem Fuß folgende »cineastische Blasphemie« gegen Kubrick und der Einbruch seines *Eyes Wide Shut* 1999 an den amerikanischen Kinokassen entspricht einem Skandal, den Schnitzler 1900 mit dem literarischen Vorläufer von *Traumnovelle*, mit der Novelle *Leutnant Gustl* verursacht hatte. Kernstück in der *Traumnovelle* ist Albertines langer Traum. Er ist mit der literarischen Technik des inneren Monologs komponiert. Diese literarische Technik ist Schnitzlers Verdienst. Schnitzler hatte sie erstmals 1905 in *Leutnant Gustl* zum klassisch gewordenen Stilmittel ausgeformt. Literaturwissenschaftlich gilt Schnitzler als ihr Urheber, nicht James Joyce (1882-1941) mit seinem *Ulysses*, in dem er seine Romanfiguren Leopold Bloom, dessen Frau Molly und Stephen Dedalus mit der Versprachlichung ihres inneren Bewußtseinsstroms am 16. Juni 1904 durch Dublin laufen läßt und den inneren Monolog zu einem kultischen Bekanntheitsgrad brachte (Worbs 1983). Schnitzler griff mit dem inneren Monolog in *Leutnant Gustl* natürlich auf Wegbereiter zurück, wie auf den französischen Symbolisten Edouard Dujardin[4] und auf Flauberts Methode der »erlebten Rede«. Unter ihrem Einfluß hatte Schnitzler vor 1900 eher zaghaft versucht, das Innenleben seiner Personen zu gestalten (vgl. Worbs 1983, S. 237). Nachdem Schnitzler aber Freuds *Traumdeutung* – eigentlich ein innerer Szenensturm – gelesen hatte, war die Methode des inneren Monologs freigespielt. In der Zeit hatte er auch schon die *Traumnovelle* konzipiert; aber sie sollte noch zwanzig Jahre lang reifen. Vorerst entwickelte er die Technik des inneren Monologs in *Leutnant Gustl* und wandte sie auf einen banal wirkenden Stoff an, der eine interessante innere Beziehung zur Entlarvung der Männer, Fridolin und Bill, in der *Traumnovelle* bzw. in *Eyes Wide Shut* aufweist. Ein einfacher Bäckermeister rempelt Leutnant Gustl beim Verlassen einer Konzertveranstaltung an. Leutnant Gustls Offiziersehre ist verletzt. Ein Bäckermeister ist aber nicht satisfaktionsfähig. Dem Offizier bleibt da nur der Selbstmord. Anderntags ist der Bäckermeister einem Herzinfarkt erlegen. Leutnant Gustl kann sein altes Leben fortsetzen, als sei nichts geschehen. Schnitzler protokolliert den Bewußtseinsstrom und die Gedankenwirbel des Leutnant in der Nacht zwischen der Rempelei und des Bäckers natürlichem Tod. Er legt damit die charakterlichen Schwächen des Offiziers bloß, seinen Antisemitismus, den Schein seines Sexuallebens, seine leidenschaftlichen Obsessionen und kleinbürgerlichen Zwänge. Die literarische Technik des inneren Monologs hebt Grenzen auf, die im sozialen Leben zwischen Innenwelt und Außenwelt errichtet sind – anders als der psychoanalytische Diskurs, der die Grenzen aufhebt, die die Abwehrmechanismen zwischen unbewußtem/vorbewußtem und bewußtem Erleben aufgerichtet haben.

Zu dem Problem der Selbstobjektivierung durch (Be-)Deutung oder Erregung gab es schon vor hundert Jahren eine Auseinandersetzung zwischen Schnitzler und Freud, die von seinen Schülern, insbesondere Theodor Reik, geführt wurde (Reik 1913). Schnitzler war selbst Arzt und Psychotherapeut für funktionell-aphonische Schauspieler, Spezialisten für Identität durch erregte Selbstobjektivierung. Über Reik hatte Schnitzler lebhaften Kontakt zur psychoanalytischen Szene um Jones und von Winterstein. Schnitzler formulierte seine Vorbehalte wie folgt: »Gar oft führt ein Pfad noch mitten durch die *erhellte* Innenwelt, wo sie [die Psychoanalytiker] allzu früh ins Schattenreich abbiegen zu müssen glauben. [...] Oft ohne Nötigung, lange ehe sie es dürften [...] manchmal aus Bequemlichkeit, manchmal aus Borniertheit, manchmal aus Monomanie« (zit. nach Worbs 1983, S. 217-218; Hervorh. u. Erg. JFD). Freud hatte erstmals 1906 aus Anlaß von Schnitzlers 50. Geburtstag durchaus Bewunderung und Neid bekundet: »Ich habe mich oft verwun-

---

[4] Sein bekanntestes Werk ist der Roman *Les Lauriers sont coupés*, der 1887 erschien; vgl. Worbs 1983, S. 240.

dert gefragt, woher Sie diese oder jene geheime Kenntnis nehmen können, die ich mir durch mühselige Erforschung des Objekts erworben, und endlich kam ich dazu, den Dichter zu beneiden, den ich sonst bewundert« (Freud 1960, S. 266). Sie trafen sich nur wenige Male, wohingegen Freud jeden Samstag mit Schnitzlers Bruder, dem Chirurgen *Julius* Schnitzler, Tarock spielte (Schur 1973, S. 402). Freud anerkannte also in Arthur Schnitzler (wie auch in Popper-Lynkeus) einen kongenialen Doppelgänger. Aber die Auseinandersetzung um die Fragen nach der Selbstobjektivierung durch (Be-)Deutung oder Erregung unterblieb. Während Freud für seine Jahrhundertentdeckungen wissenschaftlich und sozial anerkannt wurde (Kimmerle 1986; Schorske 1980, S. 169-170), erhielt Schnitzler auf *Leutnant Gustl* sofort eine anders geartete Quittung. Die deutschnationale und antisemitische Presse reagierte augenblicklich empört. Das Militär fühlte sich getroffen. Am 16. Juni 1901 erhielt Schnitzler den Bescheid, daß er seines »›Offizierscharakters verlustig erklärt‹ wurde, da er mit seiner Novelle ›die Ehre und das Ansehen der österr. u. ung. k. u .k. Armee herabgesetzt‹ habe« (Worbs 1983, S. 239).

Knapp 100 Jahre später wurde Kubrick in Amerika seines Gottescharakters verlustig erklärt.

Risiken der erregten Selbstobjektivierung

In *Eyes Wide Shut* gibt es denn auch den gleichermaßen in seiner männlichen Ehre gekränkten Mann: Bill. »Bill ist eifersüchtig und phantasiert über den Liebesakt zwischen Alice und dem Marineoffizier. Er quält sich weiter mit Alices Geständnis.« Im Verlauf des Abends erregt er sich reflexhaft und rachsüchtig in abenteuerliches erotisches Begehren hinein, drängend wie eine gespenstische Realität und irreal wie ein Tagtraum. Statt nach Bedeutung zu fragen, sucht er Antworten in der Exzitation. Der exzitierte Bill ist jedoch immer nur »schockiert über das, was er gesehen hat«, »perplex«, »überrascht«, »fragt sich, was vor sich geht«, »kann sich keinen Reim auf das eben Erzählte machen«, »lacht über Sallys Schwierigkeiten, sich auszudrücken«, ist aber selber »sprachlos« oder »starrt verlegen«.

Solche Verstörung kommentierte Kubricks Ehefrau, Christiane, im Rückblick: 1968 »waren wir noch ganz jung, als er die [Film-]Rechte [für die *Traumnovelle*] kaufte« (Erg. JFD). Sie fand Schnitzler altmodisch und viel zu feucht: »Siehst Du, jetzt fangen wir schon an, uns zu zanken«, sagte sie, als Kubrick mit dem Stoff versuchte, »an den Wurm heranzukommen, an die Dinge, die uns so viel kaputtmachen im Leben« und in der Liebe nach der großen Liebe (»dann wird es ganz schnell kitschig, 2004«). Um zu erahnen, was mit dem Wurm gemeint sein könnte, erwähne ich eine Filmvorlage, die Kubrick seit 1991/1992 ebenfalls faszinierte, der sie jedoch, ohne gedrängt zu sein, fallen ließ, obwohl dieVorarbeiten sehr weit vorangetrieben waren (Loewy 2004, S. 224-230). Es war Louis Begleys Roman *Wartime Lies* von 1991 (deutsch 1996: *Lügen in Zeiten des Krieges*), in dem der Autor das Überleben des Knaben Maciek an der Seite seiner Tante Tania im Holocaust beschreibt. Zum einen überlebt Maciek aus purem Zufall, zum anderen, weil er mit der Tante »die Begabung teilt, effektiv zu täuschen und zu lügen sowie sich überzeugend zu verstellen. [...] Die stetige Neuerfindung seines Lebens bezahlt Maciek mit einem sich radikalisierenden Selbstverlust« (Loewy 2004, S. 224).

Sich in erregter Selbstobjektivierung ständig neu zu erfinden, kann also eine nahezu unbemerkbar verheerende Wirkung haben: den Selbstverlust. Sie kann dazu führen, daß sich zwei Menschen immer effektiver täuschen, sich immer überzeugender verstellen, aber sich dabei unbemerkt selbst verlieren. Das wird der Fall sein, wenn es keine *dialogische* Beziehung mehr gibt, mit deren Hilfe der Verlust aufgehalten werden kann. Sonst kann die erregte Selbsterfindung nicht mehr verlassen werden. Bill ist genau an diesem Punkt angekommen: Er beginnt, sich unerbittlich ›einzulügen‹ und den Dialog zu verlassen. Was genau daran nicht mehr verlassen werden kann, ist zum einen die selbstverborgene Identifizierung mit einem narzißtischen Prozeßgeschehen, mit dem statt nach Bedeutung nach selbst-evidenter Erregung gesucht wird. Es sind zum anderen die unter der erregten Selbstobjektivierung und Neuerfindung erschaffenen äußeren Fakten, die schwerlich verlassen und schon gar nicht mehr ungeschehen gemacht werden können – im Gegensatz zu den Effekten von Bedeutung. In *Eyes Wide Shut* wird das an der Schlußszene mit der venezianischen Maske erkenntlich, die Bill bei der Orgie getragen und zu Hause verloren hatte. Alice fand sie und legte sie neben sich auf das Kopfkissen des Ehemannes. Als er sie nach seiner Heimkehr entdeckte, brach er zusammen. Die Maske konfrontierte ihn gleich mehrfach schmerzhaft: Alice hat ihn nicht nur beim fatalen Faktenschaffen ertappt. Sie konfrontiert ihn mit dem »inkognito«, mit dem Symbol für Entindividualisierung, mit dem Selbstverlust. Wieder einmal läßt Kubrick Alice (be-)deuten, nicht Bill.

Diese, auch in der schnitzlerschen Vorlage enthaltene Problematik mag zu der 17 Monate langen Entstehungs- und Drehzeit von *Eyes Wide Shut* beigetragen haben. Solche Psychodynamik soll zu erheblichen professionellen Widerständen bei den Darstellern führen, unter denen sie die Szenen abzuspulen drohen, so daß die Authentizität der Darstellung leidet. Auch ist ein solches Sujet begreiflicherweise nicht problemlos in das bildhafte Geschehen des Filmmediums umzusetzen. Der Film ist üblicherweise darum bemüht, daß die totale Künstlichkeit, die perfekte Erfindung der Filmwelt vom Zuschauer unbemerkt bleibt (Kamp & Rüsel 1998, S. 71). Er ist das Medium erregter Selbstobjektivierung schlechthin (Früchtl 2004). Demgegenüber ist die Kubrick faszinierende literarische Technik des inneren Monologs mit ihrem stetigen Deutungscharakter eine »vom Film nur schwer einholbare Domäne des literarischen Textes« (Lehmann 2004, S. 234).

Wie hat Kubrick den inneren Monolog in Bilder und in laufende Bilder umgesetzt? Einmal hat er den inneren Monolog aus dem Off tönen lassen. Das ist jene

Szene, in der Bill Alices Stimme nochmals hört, während sie ihm gleichzeitig mit einem liebevollen und versöhnlichen Blick begegnen möchte: »Dann war der ganze Garten auf einmal voller Leute, Hunderte, und wir waren in der Mitte. Alle haben sie gefickt. Und dann habe ich auch mit anderen gefickt. Es waren so viele, daß ich überhaupt nicht mehr weiß, wie viele es waren.« Die zahlreichen weiteren inneren Monologe, wie beispielsweise »Bill ist eifersüchtig und phantasiert über den Liebesakt zwischen Alice und dem Marineoffizier« oder »brütet weiter über die Geschichte von Alice und dem Marineoffizier«, werden mit Einblenden gehandhabt. Die präzisen, unverblümt aber nur sachlich informierenden Sprachbilder werden in schwarz-weiße Filmbilder umgesetzt, die wie nacht-fahl-bläulich koloriert erscheinen. Die Umsetzung von Sprachbildern in die Sprache optisch erweiternde Filmbilder gibt freilich noch viel mehr preis, sie wird mehrdeutig. So entwirft Bill vier erregte Urszenen, in denen nicht nur der »Marineoffizier und seine Frau miteinander schlafen« und ihn ausschließen. Bill beobachtet auch eine kaum noch als Alice identifizierbare, erregte und Erregung erwidernde Frau und sieht dabei gleichzeitig einem Mann zu, der diese Frau derart erregt, daß sie sich ihren Slip selber runterreißt, und der Bill zusieht. Bill sieht auch zu, wie ein Mann es ihm macht, so daß er die »Augen schließen muß, um den Gedanken auszuschließen«. Ein solches inhaltliches Mehr der laufenden Filmbilder, die »unbarmherzige Phantasie«, das »Verfolgende« der Homosexualisierung der Mann-Frau-Beziehung macht den Unterschied zum gesprochenen und geschriebenen Sprachbild aus, wandelt diese Form des inneren Monologs um in die Form eines inneren Szenensturms. Der aber endet nicht mit dem Augenschließen. Er baut sich in den Szenen bei der Tochter des Verstorbenen, bei der anschaffenden Studentin, bei der Tochter des Kostümverleihers und bei der Orgie in der geheimen Gesellschaft wieder auf und wird dort projektiv wahrgenommen.

Die erregte Selbstobjektivierung bedient sich bevorzugt audio-visueller Sprachmedien. Dagegen bedient sich die (Be-)Deutung vornehmlich des Sprachbildes. Obwohl das Bild in allen Sprachformen enthalten ist, die ursprüngliche Synästhesie der Wahrnehmung repräsentiert (Mersch 2004) und vermutlich die Funktion eines Scharniers zwischen den unterschiedlichen seelischen Funktionsmodalitäten und Funktionshöhen, z. B. zwischen Primär- und Sekundärprozeß, einnimmt (Soldt 2004), verlangt das gesprochene und gehörte Sprachbild vom Empfänger eine die gehörte Sprache in Vorstellungsbilder transformierende Aktivität, die jederzeit dosiert werden kann (Interaktivität). Beim Kino und bei den öffentlichen Spektakeln wirken Bilder jedoch wie ein Geschoß (Benjamin 1972). Beim statischen Bild des Kunstwerks mag das Bild noch wie ein Schleier des Unsichtbaren (Krüger 2001) wirken, der aktiv gelüftet werden muß. Bei den bewegten und dazu noch akustisch vernetzten Bildern aber befindet es sich sofort ›im Kopf‹ (Interpassivität im Sinne Pfallers 2000). Es entsteht ein »Primat des Optischen im audiovisuellen Schock«

(Türcke 2002, S. 177) und stößt dort auf die »cineastische Lust des Sehens daran, die eigene Identität aufzugeben« (Früchtl 2004). Dann kann es die dem Bild *als Bild* innewohnende »Macht des Bildes als Präsenz des Guten« verlieren, das »gegen die potentiell vernichtende Absenz eines guten Objekts gerichtet« ist (Schneider 2004, S. 38).

Zusammenfassung

Aus unterschiedlichen psychoanalytischen Blickpunkten wird anhand einer vergleichenden Studie über Schnitzlers *Traumnovelle* und Kubricks *Eyes Wide Shut* ein kultureller Wandel zwischen dem ersten und dem letzten Drittel des 20. Jahrhunderts diagnostiziert. Es ist ein Wandel in der Bewältigung von Lebenstatsachen. Sie verändert sich von der Selbstobjektivierung durch (Be-)Deutung zur Selbstobjektivierung durch Erregung. Es ist ein Wandel von »Ich denke, also bin ich« über »Ich fühle, also bin ich« zu »Ich bin erregt, also werde ich wahrgenommen, also bin ich.« Dieser Wandel wird an 48 Stunden im Leben eines Ehepaares im neunten Jahr ihrer Ehe exemplifiziert. Sie stehen auf der Schwelle zur Liebe nach der großen Liebe. Sie kämpfen mit der Urangst in der Liebe, mit dem traumatischen Verlust der Gewißheit, lieben zu können. Mit dem Wandel geht einher ein Medienwechsel der Bewältigung, in denen das Ehepaar interagiert bzw. interpassiviert: vom geträumten, gelesenen und gehörten Sprachbild zu den Sprachbildern der audiovisuellen Medien: Bildende Kunst, Theater, Kino, öffentliches Spektakel. Es ist zugleich ein Wandel in der Verräumlichung und Verzeitlichung des Seelenlebens.

Bibliographie

Begley, Louis (1996 [1991]): Lügen in Zeiten des Krieges. Frankfurt am Main: Suhrkamp.

Benjamin, Walter (1972 [1931]): Kleine Geschichte der Photographie. In: ders.: Gesammelte Schriften, Band II.1, hg. von Rolf Tiedemann & Hermann Schweppenhäuser. Frankfurt am Main, S. 368-385.

Damasio, Antonio (1995): Descartes' Irrtum. Fühlen, Denken und das menschliche Gehirn. München: List.

Damasio, Antonio (2000): Ich fühle, also bin ich. Die Entschlüsselung des Bewußtseins. München: Econ, Ullstein, List.

Freud, Sigmund (1923b): Das Ich und das Es. In: G. W. Bd. 13.

Freud, Ernst und Lucie (1960): Sigmund Freud. Briefe 1873-1939. Frankfurt am Main: Fischer.

Früchtl, Josef (2004): Das unverschämte Ich. Eine Heldengeschichte der Moderne. Frankfurt am Main: Suhrkamp.

„dann wird es ganz schnell kitschig": Ein Gespräch mit Christiane Kubrick. FR 8. Mai 2004, MAGAZIN Nr. 19, S. 4-5.

Kamp, W. & Rüsel, M. (1998): Vom Umgang mit Film. Berlin: Volk und Wissen.

Kimmerle, Gerd (Hg.) (1986): Freuds *Traumdeutung*: frühe Rezensionen 1899-1903. Tübingen: edition diskord.

Kinematograph Nr. 19 (2004): Stanley Kubrick. Frankfurt: Deutsches Filmmuseum.

Konersman, Ralf (1999): Kritik des Sehens. Leipzig: Reclam.

Krüger, Klaus (2001): Das Bild als Schleier des Unsichtbaren. Ästhetische Illusion in der Kunst der frühen Neuzeit in Italien. München: Fink.

Mersch, Dieter (2004): Ereignis und Aura. Untersuchungen zu einer Ästhetik des Performativen. Frankfurt am Main: Suhrkamp.

Lehmann, Hans-Thies (2004): Film-Theater. Masken / Identitäten in *Eyes Wide Shut*. In: Kinematograph, Nr. 19, S. 232-243.

Loewy, Ronny (2004): »That was about success, wasn't it?« Zum Project *Aryan Papers*. In: Kinematograph, Nr. 19, S. 224-231.

Pfaller, Robert (Hg) (2000): Interpassivität. Studien über delegiertes Genießen. Wien/New York: Springer.

Reik, Theodor (1913): Arthur Schnitzler als Psycholog. Minden: Bruns.

Reitz, Edgar (2004): »Unserer Arbeit war eine Ausnahme« Die Synchronregie von *Eyes Wide Shut*. Interview mit Edgar Reitz (Maja Keppler, Hans-Thies Lehmann, Hans-Peter Reichmann). In: Kinematograph, Nr. 19, S. 244-247.

Reitz, Edgar (2004): Tagebuchaufzeichnung nach der Premiere von *Eyes Wide Shut*, 12. September 1999. In: Kinematograph, Nr. 19, S. 247-249.

Schneider, Gerhard (2004): Bild – Traum – Deutung. Eine psychoanalytische Annäherung. In: Psychoanalyse im Widerspruch, Nr. 32, S. 31-44.

Schnitzler, Arthur / Kubrick, Stanley & Raphael, Frederic(1999): *Traumnovelle.* Die Novelle. / *Eyes Wide Shut.* Das Drehbuch. Frankfurt am Main: Fischer Taschenbuch Verlag.

Schorske, Carl. E. (1980): Wien. Geist und Gesellschaft im Fin de Siècle. Frankfurt am Main: Fischer.

Schultheis, Bernd (2004): Notizen zur musikalischen Rede bei Kubrick. In: Kinematograph, Nr. 19, S. 266-279.

Schur, Max (1973): Sigmund Freud. Leben und Sterben. Frankfurt am Main: Suhrkamp.

Seeßlen, Georg & Jung, Ferdinand (1999): Stanley Kubrick und seine Filme. Marburg: Schüren.

Soldt, Philipp (2004): Bild – Begriff – Affekt. Das bildlich-anschauliche Denken im psychischen Prozeß. In: Psychoanalyse im Widerspruch, Nr. 32, S. 7-30.

Türcke, Christoph (2001): Zurück zum Geräusch. Die sakrale Hypothek der Musik. In: Merkur, 55, S. 509-519.

Türcke, Christoph (2002): Erregte Gesellschaft. Philosophie der Sensation. München: Beck.

Walker, Alexander; Taylor, Sybil & Ruchti, Ulrich (1999): Stanley Kubrick. Leben und Werk. Die Biographie. Berlin: Henschel Verlag.

Worbs, Michael (1983): Nervenkunst. Literatur und Psychoanalyse im Wien der Jahrhundertwende. Frankfurt am Main: Europäische Verlagsanstalt.

Gerhard Schneider

Erregung statt Trauer? Psychoanalytische Überlegungen zu Nico Hofmanns Film *Solo für Klarinette* (1998)

Inhaltsangabe

Der Film beruht auf einem Roman der New Yorker Psychoanalytikerin Elsa Lewin. Er erzählt die Geschichte von Bernhard (»Bernie«) Kominka (Götz George) und Anna Weller (Corinna Harfouch). Bernie ist Kommissar in Berlin, der die brutale Ermordung eines Mannes aufzuklären hat, den man tot in seinem Bett gefunden hat, den Penis halb abgebissen. Eine Spur führt ihn zu Anna, einer geschiedenen Frau Ende dreißig, die einen irgendwie somnambulen Eindruck macht. Bernie, dessen Frau ihn zu Beginn der Ermittlungen verläßt, verliebt sich in Anna, gegen die die Beweise immer deutlicher werden, wogegen er sich innerlich heftig zur Wehr setzt. Anna, die sich gegen ihr Widerstreben auf ihn einläßt, andererseits ihn auch zurückzuweisen versucht, entdeckt schließlich, daß er Kommissar ist und erschießt sich mit seiner Dienstwaffe. Der Film, der eine Fülle von Nebenhandlungen und -motiven hat, endet damit, daß Bernie aus dem Polizeidienst ausscheidet, wie er sagt: für immer.

Methodischer Ansatz

Ich möchte mit einigen Bemerkungen zu meinem methodischen Ansatz beginnen, also zur Art und Weise, wie ich zu meinen psychoanalytischen Überlegungen zu *Solo für Klarinette* gekommen bin. Als Psychoanalytiker ist man bei Filmen dazu geneigt, sich direkt mit den dargestellten Personen zu beschäftigen und nach den (unbewußten) Gründen für deren Verhalten zu fragen. Das ist natürlich eine interessante und durchaus legitime Perspektive, ist aber in der Hinsicht problematisch, daß der *Film als solcher*, der ja nicht einfach nur die Darstellung von Personen und deren Verwicklungen ist, darüber aus den Augen zu geraten droht.

Wie aber kann man als Psychoanalytiker den *Film als solchen* zum Thema machen? Ich stelle mir den Film dazu als *Quasi-Person* vor, der ich, üblicherweise bei der Aufführung des Films in einem Kino, ein erstes Mal begegne und die dabei in mir eine ganze Reihe von emotional-kognitiven Reaktionen auslöst. Ich betrachte diese *eine* Begegnung als eine solche, in der potentiell beliebig viele Begegnungen quasi ineinander geschoben sind – analog zu einer ersten Begegnung mit jemandem, der als Patient zu mir kommt. Dabei möchte ich ausdrücklich hervorheben, daß, genauso wenig wie ich einen Patienten als medizinischen »Fall von«, sondern als jeweiliges Individuum betrachte, ein Film für mich kein »Fall von«, sondern diese je besondere, individuelle Quasi-Person ist.

Psychoanalyse im Widerspruch, 17. Jahrgang, 2005, Heft 33, S. 75-82.

Es geht mir also darum, als Psychoanalytiker meine Begegnung mit dem jeweiligen Film zu verstehen, und zwar in den beiden aufeinander bezogenen Aspekten »Wer ist er?« und »Was bedeutet er für mich?« Um mein Verstehen (schließlich auch in Form einer Interpretation) artikulieren zu können, muß ich mich natürlich mit dieser verdichteten ersten Begegnung beschäftigen. Dies geschieht, indem ich weiter darüber nachdenke und auch zum Film lese, vor allem aber anhand einer »Kopie« (Video, DVD) ihn mir mehrfach wieder anschaue, um die Dichte – und vielleicht das Dickicht – meiner ersten Reaktionen auf ihn aufzuhellen und Neues hinzuzugewinnen. Es ist klar: wie mit einem Menschen ist das ein potentiell unendlicher und nie irgendwann definitiv abgeschlossener Prozeß. Unterbrochen wird dieser Prozeß durch die Aufforderung oder den Wunsch, etwas über ihn bzw. ihn und mich zu sagen – das ist der Skandierungspunkt einer Interpretation, die im gerade formulierten prozessualen Sinne ebenfalls immer offen, d. h. vorläufig, offen für Revisionen und prinzipiell unabschließbar ist.

Erregung statt Trauer? Eine psychoanalytische Interpretation

Beide Hauptfiguren von *Solo für Klarinette*, der Kommissar Bernhard Kominka und Anna Weller, haben etwas zutiefst gemeinsam: Sie sind beide Verlassene. Bei Anna liegt die Trennung ihres Mannes von ihr schon zwei Jahre zurück, ihre Tochter ist kurz zuvor bei ihr aus- und bei ihrem reichen Vater eingezogen, bei Bernie erleben wir im Film mit, daß er vor verschlossenen Türen steht, die Schlösser sind ausgewechselt, er kommt nicht mehr in sein Haus und in sein altes Leben zurück. Trennung von einem anderen und damit der Bruch des bisherigen Lebenszusammenhangs bedeutet ganz konkret: etwas fehlt, dort, wo etwas gewesen ist, ist plötzlich nichts mehr. Genauer formuliert: psychisch wird durch den Verlust *Leere* präsent, und das rührt an Vernichtungsängste, wenn ein gutes inneres Objekt fehlt, wenn nicht innerlich emotional bedeutsame Objekte da sind, die einen Halt bieten. Beide, Bernie wie Anna, werden aber *ohne* Freunde dargestellt, was ich, den Ausdrucksmitteln des Films gemäß, als Projektion ihrer inneren Welt auffasse. Als äußeren Spiegel ihrer bedrohlichen depressiven Leere sehe ich auch die intensiv ins Bild gesetzte düstere Stadtlandschaft Berlins, wie auch die Farb- und Lichtgestaltung des Films zumeist ins Dunkle spielt, ebenso die Musik, und die titelgebende Klarinette, Annas Tötungswaffe, weist von ihrem Klang her ebenfalls ins Melancholische.

Wie nun gehen die beiden Hauptfiguren mit dem Verlust um? Der Film zeigt bei keinem der beiden einen Trauerprozeß, in dem der Verlust verarbeitet würde und so eine *innere Ablösung* und auf dieser Basis ein Neubeginn z. B. mit einem anderen Partner möglich werden könnte. Stattdessen erleben wir beide verzweifelt und wie getrieben auf der Suche nach jemandem, der die Leere ausfüllen und an die Stelle des verlorenen Anderen treten soll. In beiden Fällen – auf die andersartige intensive erotische Begegnung zwischen Bernie und Anna komme ich später zu sprechen – ist das es mit Sex verbunden, und zwar einem entpersönlichten und gewaltnahen Sex (Bernie, nach der Trennung von seiner Frau, mit der Prostituierten, die er schlägt; Anna mit dem Lover aus dem Single-Club, den sie tötet). Einerseits scheint es, als solle der Schmerz des Verlusts durch die reine sexuelle Erregung betäubt werden (Bernie verbietet der Prostituierten, mit ihm zu sprechen, d. h. einen irgendwie persönlichen Kontakt mit ihm aufzunehmen); andererseits kann dieser Schmerz aber auch in einen unkontrollierbaren, blinden Erregungs-Haß gegen den anderen umschlagen, kulminierend in der sexuellen Verstümmelung und Tötung von Annas Lover.

Wie könnte dieser Umschlag in Gewalt psychisch begründet sein? Annas Lover ist der Aktive, der über sie hinweggeht und sie zu etwas zwingen möchte, Bernies Prostituierte hat mehr die Rolle einer Mitspielerin, die aber ebenfalls nicht auf ihn bezogen ist und ihn schließlich zu bestehlen versucht, d. h. in beiden Fällen ist kein psychisch wirklich auf Anna oder Bernie bezogener Anderer da. So gesehen, ist beide Male *niemand* da, und damit wird in beiden wieder die *Leere* präsent, die derartig bedrohlich werden kann, daß sie gewaltsam beseitigt werden muß – hier durch den Angriff auf ihre Boten, die sie aktualisiert haben.

Bisher habe ich genau das gemacht, was ich eingangs als charakteristische Schräglage psychoanalytischer Filminterpretationen angesprochen habe, von den Figuren auszugehen und sie psychoanalytisch zu verstehen zu versuchen. Meine zentralen Thesen führen aber darüber hinaus und betreffen den Film als solchen, als Quasi-Person. Meine *erste These* lautet, daß Bernies und Annas Thematik der Leere auch die des Films als Quasi-Person ist, d. h. der Film als solcher muß sich mit seiner depressiven Leere auseinandersetzen und darauf reagieren. Was ich mit Bezug auf seine düstere Szenerie, die Farb- und Lichtgestaltung sowie die Musik und auch die innere Verfassung der beiden Hauptfiguren gesagt habe, läßt sich in dieser Perspektive als Ausdruck der depressiven Grundthematik des Films verstehen. Die Frage ist dann, wie er auf diese Thematik reagiert. Darauf bezogen ist meine *zweite These*, daß es einerseits erkennbare Ansätze eines Reflexions- und Trauerprozesses gibt, daß andererseits aber eine manische Abwehr ausgeprägt ist, die im Hin und Her zwischen beiden Positionen überwiegt, indem Erregung und eine Überfülle an Inhalten die Leere eliminieren sollen.

Die reflexive Seite des Films ist als erstes in seiner Rahmenstruktur präsent: Wir hören mehrfach Bernies Stimme aus dem Off, die innere Kommentare zu verschiedenen Stationen seines Lebenswegs formuliert. Allerdings wirkt dieser Rahmen zugleich auch brüchig, denn, anders als etwa in Ingmar Bergmans *Wilde Erdbeeren*, würde man, abgesehen vielleicht vom Schlußmonolog, die Kommentare nicht vermissen und der Film verlöre keinen Halt, wenn es sie nicht gäbe.

Insgesamt zeigt sich die reflexive Seite des Films in seinen längeren und ruhigen Einstellungen, die zunächst vorwiegend mit Anna allein verbunden sind, z. B. als sie als Führerin im Museum einer Schulklasse die traurige Geschichte einer geraubten Südseeprinzessin erzählt. Mit der Annäherung zwischen Bernie und Anna, insbesondere der Liebesszene zwischen beiden, überträgt sich das teilweise auch auf Bernie, der von sich aus die Arbeit als Kommissar quittiert und irgendwie die verlorene Anna betrauert. Die innere Entwicklung Bernies durch die Begegnung mit Anna ist durchaus nachvollziehbar, insbesondere wenn man an die beinahe mit einer sakralen Intensität inszenierte Liebesszene zwischen ihnen denkt (vgl. Hofmann 2003), die an einem wahrnehmungsästhetisch besonders ausgezeichneten Punkt in der Filmzeit stattfindet, nämlich in etwa um den Goldenen Schnitt herum plaziert ist. Der inneren Entwicklung Bernies auf die depressive Position im psychoanalytischen Sinne hin entspricht die zuvor skizzierte reflexive und poetische Seite des Films, der z. B. der Erzählung Annas über die Südseeprinzessin Zeit und Raum gibt und hier vom Schrecken der Leere, dem horror vacui, unbedrängt ist.

Andererseits zeigt ein genaueres Hinsehen und -hören, daß ich, bezogen auf diese Seite des Films, vielleicht doch besser von einer – nicht schon innere Wirklichkeit gewordenen – *Sehnsucht* nach einem inneren Raum und der Begegnung mit einem Anderen sprechen sollte, die nur das eine Mal, in der Liebesszene, für eine kurze Zeit sich als Sehnsucht auflöst und in psychische Wirklichkeit transformiert wird. Ich komme zu dieser Einschätzung, weil auch die reflexive Schicht des Films immer wieder mit Elementen durchsetzt ist, die aus seiner manischen Abwehrseite stammen, auf die ich gleich zu sprechen komme. Das klingt schon in einer befremdlichen Formulierung in Bernies letztem Monolog an, wenn er sagt: »[Ich] *beschloß*, sie für immer zu lieben« (Hervorh. G. S.) – muß er sich dazu überreden oder gar zwingen? Hinzu kommt, daß der Film sich sozusagen nicht traut, bei Bernies Trauer und seinem Gefühl der Zerstörung und des abgrundtiefen Verlusts einfach zu bleiben: Erstarrt und wie willenlos wird er von seinem Kollegen Freddie aus Annas Wohnung nach deren Selbstmord geführt; Schnitt: es ist der nächste Morgen (Tag), Bernie ist wieder bei sich und scheint emotional alles in der Hand zu haben, als könne ihn der gerade erlebte Schmerz nicht wieder zu Boden strecken. Und es scheint keine Leere um ihn entstehen zu dürfen: Es wird gezeigt, wie die Exfrau des Mordopfers, von Bernie hinter Gitter gebracht, das Gefängnis verläßt, Freddies Freundin wartet auf diesen und Bernies und Freddies Weg gehen auseinander. Ein früheres Beispiel für eine solche Anfüllung ist die ruhige Szene zwischen Bernie und Anna nach dem Verlassen des Single-Clubs: Gerade in dem Augenblick, als man Annas Distanz, aber auch die tastende Annäherung zwischen ihr und Bernie spürt, kommt, in einer gewissen Ferne, ein Hochzeitsschiff die Havel heraufgefahren; es ist dies ein Bild, das zwar den pychischen Gehalt der Szene spiegelt, der aber als solcher schon in der Intensität des Spiels der beiden Hauptdarsteller fühlbar und psychisch ›da‹ ist – so, als ob darauf nicht ganz zu vertrauen wäre.

Es scheint das ein charakteristischer erster Aspekt der Abwehrseite des Films gegenüber der Drohung der Leere zu sein, ich möchte ihn mit *Überfülle* in thematischer, symbolisierender und präsentativer Hinsicht bezeichnen. Vielleicht beginnt das schon damit, daß er zwei unterschiedliche Ebenen kombiniert, die einer »Liebesgeschichte« mit einem interessanten »Psychogramm« und die des Kriminalfilms, so als ob das erstere allein zu leer sein und zu wenig Halt bieten könnte. Nico Hofmann hat das selbst in einem Interview angedeutet: »Ich hab' vielleicht den Fehler gemacht, sowohl der Kraft der verzweifelten Liebesgeschichte als auch dem Psychogramm nicht genügend vertraut zu haben. Ich dachte, ich müßte noch einen Krimi reinbasteln, statt mich darauf zu verlassen, daß diese starken Momente, die ich im Kopf hatte für Corinna und Götz, funktionieren. Der Film krankt daran, daß ich eine Melange aus Krimi und Psychogramm versucht habe [...]. Ich hätte einfach eine klarere Entscheidung treffen müssen: mehr Psychogramm erzählen, die Krimigeschichte in den Hintergrund rutschen lassen« (in: Töteberg 1999, S. 132).

Diese Überfülle zeigt sich vielfältig, wie einige Beispiele belegen sollen. Neben der im Zentrum stehenden Geschichte des Mordes gibt es die von Frauenhandel und Prostitution und, wiederum damit verbunden, die Verführung von Bernies Assistenten Freddie durch eine der verhafteten Prostitutierten. Die Mordgeschichte selbst ist von früh an mit Anna als vermutlicher Mörderin eingeführt, sie wird aber, für Bernies und Annas Geschichte belanglos, mit der Pädophilie des Nachbarn und der Ehegeschichte des Opfers verknüpft. Bei Bernie kommt noch hinzu, daß er Vater eines geistig behinderten Sohns ist, und überdies ist der Bruder seiner Frau sein Vorgesetzter, der ihn haßt, was eine weitere Nebengeschichte konstituiert. Hinzuzunehmen wären entsprechend überfüllte Einzelszenen, wie der eben erwähnte Flirt zwischen Bernie und Anna nach dem Single-Club.

Psychisch gesehen, werden wir also über lange Phasen des Films immer wieder mit neuen, von der Haupthandlung unabhängigen Informationen konfrontiert. Es gibt so eine Reizfülle, der ein psychischer Verarbeitungsaufwand entspricht, der vielleicht schon in sich einen gewissen psychischen Erregungszustand bedeutet. Das verweist auf den zweiten Aspekt der manischen Abwehrseite des Films, die Erzeugung von *Erregung*. Charakteristisch dafür sind die drei Eingangsszenen: In der ersten wird der Schauplatz des Mordes langsam erkundet, bis hin zum blutig geschlagenen Gesicht des Toten; in der zweiten bekommen wir die gewaltsame Aushebung eines Prostituiertenrings zu sehen; in der dritten kehrt Bernie nach Hause zurück, dabei hören wir zum ersten Male seine Stimme aus dem Off und wir werden Zeugen des gewalttätigen Ausbruchs seines Sohns. In ein paar Minuten werden also abrupt die Schauplätze gewechselt, und es werden innerhalb der Szenen ruhige Eingangssequenzen schockhaft durchbrochen – das entspricht in gewisser Weise Bernies beruflicher Statistik, nach der dies der 652ste Mord in 21 Jahren ist, im Schnitt also etwa ein Mord alle anderthalb Wochen. Diese stoßweisen Erregungssteigerungen kennzeichnen lange Phasen des Films, wobei die intensive und zum Teil abrupt-heftige Spielweise Götz Georges das aufnimmt und verstärkt.

Nun ist, noch war im Erscheinungsjahr 1998 diese Faktur hinsichtlich der Erregungshaltigkeit des Films besonders auffällig, und zwar weder rein quantitativ vom Erregungsausmaß her, noch qualitativ z. B. durch Motivik oder bisher in ihrer Grausamkeit noch nie gesehene Gewalt- oder Sexszenen. Daß ich, in Ergänzung zum Aspekt der Überfülle, darauf so abhebe, hat seinen Grund darin, daß es dem Film um Verlust und Leere geht. Das heißt, er hat im eingangs ausgeführten Sinne gleichsam als Person damit zu tun, mit Verlust und Leere umzugehen, und ein primär reflexiv bestimmter Prozeß der emotionalen Auseinandersetzung damit, in dem es um Trauer ginge, gelingt ihm nicht. Dann aber müssen andere Mechanismen gegen den horror vacui eingesetzt werden, und ein ganz wesentliches Manöver ist die manische Abwehr der Leere durch Erregung.

Das impliziert natürlich auch, daß dem Geschehenen, dem Verlust, die Bedeutung entzogen wird. Genauer müßte man sagen: seine Bedeutung wird verleugnet, aus dem psychischen Reflexionsraum ausgeschlossen, z. B. taucht Bernies Frau in ihrer Bedeutung für ihn nach der Trennung kein einziges Mal auf, und die Schlußszene, ich wies darauf hin, wirft durchaus die Frage auf, ob nicht auch Anna innerlich sehr bald aus ihm verschwunden, von ihm vergessen sein wird. Die Psychoanalyse kennt die Wiederkehr des Verdrängten – übertragen auf den Film, läßt das die Vermutung zu, daß die zuvor angesprochene Überfülle z. B. an thematischem Material in dieser Hinsicht als verschobene Wiederkehr der durch Erregung verleugneten Bedeutung von Verlust aufgefaßt werden kann.

Es stellt sich die Frage, *warum* der Film primär mit Erregung und Überfülle statt mit Reflexion und Trauer auf Verlust/Leere reagiert. In einem ersten psychoanalytischen Reflex könnte man geneigt sein, diese Frage zu personalisieren: Was hat den *Regisseur* bewußt und unbewußt dazu veranlaßt, den Film so zu realisieren, wie wir ihn sehen? Sehr oft landet man dabei in einem schlechten biographischen Reduktionismus, der methodisch obsolet ist (vgl. Chasseguet-Smirgel 1986). Beim künstlerischen Medium Film kommt noch etwas Entscheidendes hinzu: Anders als in der Literatur oder Malerei ist hier das implizite psychoanalytische Modell eines schöpferischen Individualsubjekts »Regisseur«, dessen Produkt der jeweilige Film sei, unangemessen, vielmehr ist der Film Kreuzungspunkt der vielfältigen Aktivitäten ganz unterschiedlicher kreativer Subjekte (Schneider & Métraux 2003, S. 109 ff.).

Vor diesem Hintergrund möchte ich die Frage dahingehend verstehen, den Film als Ausdruck einer bestimmten gegenwärtigen soziokulturellen Befindlichkeit aufzufassen, artikuliert durch die Filmcrew »Nico Hofmann + ...«, die ich als *black box* betrachte. Meine *dritte These* bezieht sich auf diese soziokulturelle Befindlichkeit: Mir scheint, es gibt in der gegenwärtigen »flüchtigen Moderne« (Bauman 2003) die kollektive (antipsychoanalytische) Phantasie, daß ein Leben *ohne Verlust* möglich sei, ein Leben, in dem *Abschnitte* aufeinander folgen, die als solche jeweils Neuanfänge seien, nicht aber Verluste des Vorangehenden, die es zu betrauern gelte. Dieser Phantasie zufolge darf es Verlust und Trauer nicht geben, und die Produktion von Erregung ist die Hauptabwehr dagegen – die Dauerproduktion von Kicks und Events ist das entsprechende gesellschaftliche Phänomen.

Als Hinweise auf diese Phantasie nenne ich im Bereich des menschlichen Zusammenlebens Ausdrücke wie »Lebensabschnittsgemeinschaften« oder auch »Partnerschaft«, denn anders als Liebesbeziehungen kann man Partnerschaften prinzipiell in einer ökonomischen Perspektive betrachten und dann rationale Auflösungsarrangements finden, und das bricht einem nicht das Herz, sondern geht höchstens an die Nieren. Im Bereich der Arbeit ist die von Sennett (1998) beschriebene, ökonomisch angeforderte »flexible Persönlichkeit« eine solche, deren Lebensbruchstücke sich von ihr klaglos, ohne Verlust-Trauer aneinander reihen lassen sollen (vgl. insges. Bauman 2003).

Um noch einmal auf *Solo für Klarinette* zurückzukommen, so scheint mir der Film – der *als Film* ja Produkt eines Zweigs der Kulturindustrie ist, deren Zweck insgesamt die Ausfüllung von Leere: der Leere der freien Zeit ist – in der Ausprägung der manischen Abwehr, der Erregung und Überfülle, einerseits die gerade formulierte Phantasie zu bestätigen. Andererseits ist er in seiner partiellen reflexiven Seite und der Intensität seiner ruhigen Bilder und der Präsenz einer amour fou in dieser Zeit ein Einspruch dagegen. Insofern, und das macht, kulturpsychoanalytisch betrachtet, das Besondere und Interessante an ihm aus, hat er beides: Er spiegelt die Phantasie, aber er reflektiert sie auch und geht deswegen nicht gänzlich in ihrer Affirmation auf.

Bibliographie

Bauman, Zygmunt (2003): Flüchtige Moderne. Frankfurt am Main: Suhrkamp.

Chasseguet-Smirgel, Janine (1986): *Letztes Jahr in Marienbad.* Für eine psychoanalytische Forschungsmethodik im Bereich der Kunst. In: dies.: Kunst und schöpferische Persönlichkeit. Anwendungen der Psychoanalyse auf den außertherapeutischen Bereich. München: Verlag Internationale Psychoanalyse, S. 50-81.

Hofmann, Nico (2003): Verdammt, Sie sind ja noch sehr jung! When I'm sixty-five: Solo für Götz George. Frankfurter Allgemeine Zeitung vom 17. Juli (Nr. 163), S. 36.

Schneider, Gerhard & Métraux, Alexandre (2003): *Panzerkreuzer Potemkin* von Sergej Eisenstein. In: Psychosozial, 26, Heft 92, S. 105-119.

Sennett, Richard (1998): Der flexible Mensch. Die Kultur des neuen Kapitalismus. Berlin: Berlin Verlag.

Töteberg, Michael (Hg.) (1999): Szenenwechsel. Momentaufnahmen des jungen deutschen Films. Reinbek bei Hamburg: Rowohlt Taschenbuch Verlag.

Claudia Wolff

...kriegt Post von der Post und verschafft sich Einblick ins »Neuromarketing« als Letztbegründung der Hirnforschung

Wenn man sich für die Wege und Ziele der Hirnforschung, überdies, aktualitätsbedingt, für die Leistungsfähigkeit der deutschen Universität im allgemeinen interessieren, dann nehme man, bitte, mit mir den kleinen Umweg über den Briefkasten.

Der Briefträger kommt zwar jetzt immer sehr spät am Tag – aber wenn er dann kommt!

Letzte Woche also sehr aufregende Post von der Post, Deutschen Post AG, und zwar Post für die liebe Frau Wolff ganz persönlich. Da wird der lieben Frau Wolff ganz persönlich mitgeteilt, daß sie offizielles Jury-Mitglied ist und sich beteiligen darf an der Auswahl der schönsten Briefmarke, für diese Teilnahme ein Profi-Briefmarken-Paket als Dankeschön zum Vorzugspreis und volles Rückgaberecht sowie eine Briefwaage, außerdem das Philateliejournal *Postfrisch* sechsmal im Jahr frei Haus.

Die liebe Frau Wolff, statt sich vor dieser Drohung schnell wieder ins Bett zu flüchten, macht einen Denk-Versuch: offenbar, so denkt die liebe Frau Wolff, hat die Deutsche Post Grund zu der Annahme, daß die Zahl der Adressaten, welche die Aussicht auf eine Freihaus-Lieferung des Philatelie-Journals *Postfrisch* begrüßen, erheblich größer ist als die Anzahl derjenigen, die sich mit Grausen wenden, ja nie mehr an den Briefkasten wollen.

Aber wie gelangt die Deutsche Post zu Abwägungen dieser erstaunlichen Sorte? Da kommt nun also die Hirnforschung ins Spiel, die leistungsorientierte Hirnforschung im besonderen, die leistungsorientierte Universität im allgemeinen. Denn die Deutsche Post, ein wenig Recherche-Surfen öffnet den Blick, wendet sich in ihrem »Beratungsbedarf« nicht nur, aber auch an die Hirnforschung. Und speziell, so ist zu erfahren, kooperiert sie mit Hirnforschern der Bonner Universitätsklinik, um herauszufinden – mit Hilfe der Darstellung und Analyse einschlägiger Gehirnaktivitäten herauszufinden –, wie unterschiedliche Werbeformen sich zur Entscheidungsbildung verhalten. Auch Hirnforscher anderer Universitäten vermarkten sich zunehmend auf das freieste. Besonders häufig stößt man auf den Namen Ernst Pöppel, Professor für Neurophysiologie an der Ludwig-Maximilians-Universität zu München, Direktor dort des Instituts für medizinische Psychologie – Ernst Pöppel, von dem es heißt, daß er immer mehr Werbe-Agenturen, Verlage, Industriekunden, Marktforscher berät: »Die rennen mir die Bude ein«, sagt er.

Ein Kommunikationsunternehmen, welches angibt, das größte in Deutschland zu sein, teilt im Dezember 2004 mit, daß man in Zusammenarbeit mit Professor

Psychoanalyse im Widerspruch, 17. Jahrgang, 2005, Heft 33, S. 83-85.

Pöppel und weiteren Experten ein innovatives Forschungsdesign für das Marketing entwickle, und zwar unter dem Titel *Brain Branding*:

»Dabei wird die Hirnforschung mit dem know how des Markenmanagements verknüpft, um neue Erkenntnisse über Wünsche, Bedürfnisse und Entscheidungsgrundlagen von Konsumenten zu gewinnen. Der Brain-Branding-Ansatz eröffnet völlig neue Perspektiven für den Umgang mit Marken und Konsumenten. Denn die bis dato eingesetzten Research-Verfahren konnten bislang nur unzureichend Auskunft über den Wirkungszusammenhang zwischen Marke und der entsprechenden Markenkommunikation in Interaktion mit dem Konsumenten geben.«

Heißt: unzureichende Auskunft, wenn man sie über ihre Gefühle und Präferenzen befragte, gaben die Konsumenten-Probanden »bis dato« insofern, als sie an ihr Unbewußtes leider nicht herankamen, so daß sich viele Marken, im falschen Vertrauen auf mündlich erhobene Befunde, am Unbewußten total vorbei performierten. Das wird jetzt anders mit Hilfe des »Neuromarketing«, das in USA, wie könnte es anders sein, schon länger und strotzend in Blüte steht. »Neuromarketing« – schönes neues Wort in der schönen neuen Welt.

Das »Neuromarketing« also verlangt jetzt endlich direkten Zugang zum Unbewußten. Die funktionelle Magnetresonanztomographie macht es ja möglich, die Hirnaktivitäten der Konsumenten-Probanden zu beobachten, während die neue Limonade ihre Zunge netzt , das neue Automobil-Design ihre Netzhaut trifft, das neue Parfum ihre Nase umbuhlt. Der Hirnforscher kann dann sehen und zeigen, wie sich das rationale Moment zum emotionalen Reiz verhält, in welchem Segment des präfrontalen Cortex am meisten los ist, und der beratene Marken-Designer, das ist der Fortschritt, weiß dann mehr vom Konsumenten als dieser von sich weiß. Neuromarketing – Neuroökonomie. An der Universität Münster zum Beispiel wird die Neuro-Beratung Kaffee-Röstern zuteil, an der Universität Ulm der Firma Daimler-Chrysler, und in Bonn eben der Deutschen Post.

Liebend gern übrigens würde die liebe Frau Wolff ihr aktiviertes Kernspin-Gehirn der Deutschen Post zeigen, während sie deren Post liest. Vielleicht wär die Deutsche Post dann verstört.

Aber auch Frau W. ist verstört. Die Feuilleton-Debatte über die Willensfreiheit, die so bedeutungshuberisch geklappert hat und klappert zwischen Hirnforschern und Philosophen – ich hab sie tatsächlich ernstgenommen, naiv wie ich bin, den Subtext überhaupt nicht kapiert, der sich erst jetzt , im Neuromarketing , mir schlagend entbirgt: ganz wurscht, ob der freie Wille existiert oder nicht, es kommt darauf an, ihn markt- und konjunkturverträglich zu unterlaufen, und einige Protagonisten der Hirnforschung setzen alles dran, damit das immer besser gelingt.

Über die deutsche Universität wird oft verächtlich gesprochen – zu Unrecht, denn jetzt schon, das heißt, bevor die Studenten ihre Kunden geworden sind, gibt sie dem Markt viel, wie man sieht. Manche Beobachter zeigen eine gewisse Zukunftsbesorgnis, weil sie sich noch nicht recht vorstellen können, wie das aussehen wird, wenn die Universiäten demnächst in scharfen Wettbewerb um ihre zahlende Kundschaft treten. Die Besorgnis ist kleinmütig: jede Uni wird sich als hoch distinkte Marke zu Markte tragen, erfolgsorientiert wie die Deutsche Post, die Filialen schließt , um ihre Leistung zu steigern . Brainbranding, Neuromarketing – genügend marktbewährte Spezialisten, zum Beispiel Professor Ernst Pöppel aus München, hat die Deutsche Universität ja an Bord.

Ernst van Alphen

Second Generation Testimony, the Transmission of Trauma and Postmemory

»But we've never had camp.«
Carl Friedman

Since the 1980's the expression the »second generation« or sometimes even the »third generation« has become an important notion in reflections about the remembrance and the legacy of the Holocaust. The expression refers first of all to the children or even grandchildren of those who survived the Holocaust. But it is also used in a more general way, not implying a familial relation. It then refers to the generation after in the most general sense. But when one starts thinking about the expression »second generation« as an analytical concept, hence, about its conceptual implications, the term becomes suddenly very puzzling. Of course, a second generation depends on the idea of the first generation. But also the expression »first generation« is elliptic. It leaves implicit the complement of generation. For, first generation of what? The first generation refers to those who survived the Holocaust. But not all people who were there and survived are thus indicated. The second element is something like »victim-ship.« Although the members of the first generation survived they are together with those who perished in the Holocaust in that both groups are seen as the Holocaust victims. The first generation concerns a generation of survivors or, but also in an important sense, *and,* victims. They were indelibly hurt.

As a result, when we start using the term second generation for the children of Holocaust survivors, it seems to imply that they are also in one way or another both victims and survivors of the Holocaust. The term does not imply that the second generation is a completely new generation, a generation that differs fundamentally and principally from the generation of their parents. On the contrary, the phrase seems to suggest that there is a fundamental continuity between first and second generation. Whereas at first sight one expects that experiences and memories of survivors of the Holocaust and of their children are fundamentally different, that there is an absolute divide between parents and children, the expression »second generation« seems to bridge that divide and to introduce the idea of continuity between the generations. I wish to question the possibility and the nature of that continuity.

Psychoanalyse im Widerspruch, 17. Jahrgang, 2005, Heft 33, S. 87-101.

Of course, this use of the expression »second generation« in the context of the Holocaust, hence, of its implied victimhood, is not an isolated phenomenon. Around it, an entire culture of attention to victims emerged, first of all in the United States but in its wake also in the rest of the Western world. The eighties and nineties are not only the decades in which Holocaust studies and the idea of a second generation have received a forceful presence in academic as well as public life. Those were also the decades in which the public media have embraced victim- and survivorship as such. Talk shows in which victims of whatever disaster or event can tell their story have become major television events.

Although this may seem unexpected, in a legal culture of presumed innocence, this discourse also has fundamental influence on the juridical system. Whereas according to the basic principles of Western law lawsuits always have focused on the guilt of the defendant, innocent until proven guilty, the role of victims in lawsuits has increased fundamentally. At the heart of this change is the activity of story-telling, seen as healing. Since the nineties in more and more countries it is seen as a fundamental right of victims to tell their stories. It is assumed, doubtlessly rightly, that expressing their experiences to a caring, believing audience contributes to the healing process. But the undesired consequence of this production of a willing public arena for this self-expression is a naturalized rhetoric: the rhetoric of victimhood has become an effective way of proving somebody else's guilt.

In addition to this legal shift, which I will not further explore in this paper, I am interested in the way the attention for survivors and victims in public culture and public media has also led to an erosion of the term *survivor*. Whereas until he eighties the expression survivor concerned mainly somebody who had survived a life-threatening event, the expression is now also used for those who were sexually assaulted, robbed, or even those who went though a divorce. A survey of current psychological and popular literature revealed more than ten groups claiming survivor status, including psychiatric survivors, domestic violence survivors, divorce survivors, cancer survivors, survivors with learning disabilities, child abuse survivors, alcoholism survivors, sexual abuse/incest survivors, and ritual abuse survivors (see Randle 2004: 12).

It is clear that the erosion of the terms survivor and victim in general, in their co-dependence, is part of wider political developments and changes. The implied victimhood of the so-called second generation is and is not part of the larger political climate of the eighties and nineties. It is, because the success and almost immediate applicability of the expression »second generation« depends partly on the dominance of »victim culture« and »emotional pain culture« as such. But at the same time it is not, because the expression »second generation« cannot be dismissed as just a case of rhetorical abuse or manipulation. Something real is clearly at stake with the second or later generations, of »the generation after«.

Simply put, according to many the effects of the Holocaust on those who survived it have been transmitted to their children. In many cases the »children of the Holocaust« suffer from clinical symptoms that can or should be understood in terms of their parents' Holocaust trauma. Far be it from me to deny that something of this order is the case. On the contrary, I wish to explore the most helpful way to address that »something«.[1]

In this paper, therefore, I will further reflect on the implications of the term »second generation«. In order to do so productively I will invoke the help of that most subtle of discourses, literature. In particular, I will focus on a literary testimony of a child of a Holocaust survivor, Carl Friedman's *Nightfather*, in Dutch *Tralievader* (1991); I will also focus on Eva Hoffman's recent book *After Such Knowledge: Memory, History and the Legacy of the Holocaust* (2004). Although Hoffman's book does not belong to the realm of literature in the strict sense, it is a mixture of memoir, testimony and essay, it is a subtle as literature can be. Both authors describe in great detail and with enormous evocative power the kind of relationship which is at stake between children and their parents. These relationships are determined in fundamental ways by the fact that their parents, or one of them, are survivors of the Holocaust. The question I will address to these texts is ultimately very simple: Without presuming anything suggested by current analytical discourse I will explore what happens exactly in the parent-child interaction described there? On the basis of the answers the literary testimonies suggest I will then ask if the frequently alleged phrase, »the transmission of trauma«, is appropriate and helpful in these cases? Or are there other processes at work within these relationships?

But before attending to these literary testimonies of children of survivors, I will first acknowledge in a few words how two early scholarly texts on the subject already question the then still-unspoken discourse of transmission of victimization. These texts that can be seen as founding texts to the extent that they have established this special attention for the »generation after«. I am talking about Helen Epstein's *Children of the Holocaust: Conversations with Sons and Daughters of Survivors* from 1979 and Nadine Fresco's essay »Remembering the Unknown« from

---

[1] In his book *The Holocaust in American Life*, Peter Novick has expressed extreme wariness concerning the concept of trauma and its posttraumatic aftermath, particularly the transmission of posttraumatic symptoms to others through repetition, identification, or mimesis. Novick asserts that, exept for Holocaust survivors themselves, »the available evidence doesn't suggest that overall, American Jews (let alone American gentiles) were traumatized by the Holocaust, in any worthwhile snese of the term«(Novick 2000, p. 3). Novick also dismisses the relevance of what has been called postmemory and the intergenerational transmission of trauma. For another critique on intergenerational transmission of trauma, see LaCapra 2004.

1981. As these publication dates demonstrate, both texts were published just before or right at the beginning of the surge of attention for victims and survivors as such. It is precisely for this reason that I find them helpful to shed some naturalized suppositions today.

The subtitle of Epstein's book-length study is significant: »Conversations with Sons and Daughters of survivors«. The term »generation« is not used. The nature of the relationship between children and parents is not qualified in terms of continuity. The parents are survivors but it is not suggested that also their offspring is by definition victimized by that legacy. In her text Epstein does not use the expression second generation either, but speaks instead of children of survivors. In her book Epstein also comments on publications in which the children of survivors are dealt with as a special group with special problems. In some of these publications the relationship between survivors and their children is explicitly described in terms of continuity and the transmission of trauma. She quotes e.g. an Israeli psychiatrist who gave in 1977 a talk at Stanford Medical School: »The trauma of the Nazi concentration camps is re-experienced in the lives of the children and even the grandchildren of camp survivors.[…] The effects of systematic dehumanisation are being transmitted from one generation to the next through disturbances in the parent-child relationship« (Epstein 1979, p. 299-300)

Although it is thanks to this talk by this psychiatrist that *The New York Times* became interested in Epstein's writings and that she was able to publish a long article in *The New York Times* about the children of Survivors, it seems that Epstein herself does not support the diagnosis of the transmission of trauma, presented as near-automatic. Although her whole book is about the problems of the children of survivors she consequently refrains from discussing them in terms of the trauma of their parents.

Earlier in her book she quotes a Dr. Henry Kristal from Detroit: »We now see increasing numbers of children of survivors suffering problems of depression and inhibition of their own function. This is a clear example of social pathology being transmitted to the next generation« (Epstein 1979, p. 91) Although Epstein only pretends to evaluate which specialists in the field have noticed the children of survivors, she immediately takes distance from Kristal's view with the following words: »Other researchers were not so quick to call what had apparently happened ›social pathology.‹ Instead, they identified ›disturbances in the parent-child relationship‹ in the families of survivors. They were puzzled by numerous contradictions in survivor families. Many had become extremely successful in real estate, construction or manufacturing, building mammoth businesses. Others worked in the most menial positions, sweeping floors or cleaning other people's homes. Some were vibrant and optimistic; others listless and depressed. No psychiatrist undertook to study what survivors were like as parents, and little was known about family dynamics in survivor families« (op. cit., p.91).

Precisely that which most psychiatrists did not undertake to study, became Epstein's project. Without assuming that a trauma is transmitted, or even stronger, resisting that suggestion, she interviewed children of survivors in order to learn about the family dynamics in survivor families. Herself also being such a child, she evaluates the dynamics in her own family as follows: »Like most survivors neither imagined how, over the years, I had stored their remarks, their glances, their silences inside me, how I had deposited them in my iron box like pennies in a piggy bank. They were unconscious of how much a child gleans from the absence of explanation as much as from words, of how much I learned from the old photographs hanging on our apartment walls or secreted away in the old yellow envelope below my father's desk« (op. cit., p. 297).

Epstein describes the dynamics and communication between her and her parents as indirect, as consisting of silences and lack of direct communication. Thus, the continuity between the two generations is not established smoothly. And as far as it exists it is more the result of the interpretative urge of the daughter than of any active role of the parents.

The second early text that can serve to denaturalise the discourse of transmission was written by Nadine Fresco. In her essay *Remembering he Unknown*, Fresco describes the problem of the children of survivors who after they survived migrated to France, as suffering from lack of memories and lack of continuity: »Those Jews who have come late upon the scene, burdened by their posthumous life, infatuated by an irreparable nostalgia for a world from which they were excluded on being born, feel a vertigo when confronted by the time ›before‹, the lost object of a nameless desire, in which suffering takes the place of inheritance« (Fresco 1984, p. 421).

Like Epstein, Fresco uses expressions that avoid the idea of continuity between parents and children. Instead of second generation or generation after, for example, she uses the idiosyncratic expression »latter-day Jews«. For her, these latter-day Jews are like people who have had a hand amputated that they never had. The suffering caused by this amputation is a phantom pain, in which amnesia takes the place of memory. The only memory there is, is that one remembers nothing. This paradoxical notion of memory radically undermines the notion of memory. Memory is at stake, but only in its absence.

It is important to notice that these two »founding« texts by Epstein and Fresco assess the dynamics between survivors of the Holocaust and their children as one which utterly *fails* in establishing continuity between generations. And it is precisely this failure that causes the intense desire for it on the side of the children. Epstein and Fresco avoid consistently any suggestion of transmission of trauma or inheritance, or the idea of continuity between generations. The kind of Holocaust studies that has developed in the wake of these two publications, especially those focusing on the generation-after problematic, has taken a lot of its inspiration from these studies, however, without seriously paying attention to the precise way these authors characterise the dynamics between parents and children and resulting problems of those children. Instead of glossing over their efforts at formulating what is at issue, I propose to return to these.

With this in mind I will now look at the writings of Carl Friedman and Eva Hoffman, because in their work these authors provide a vivid image of the dynamics between survivor and children. To begin with Friedman's novel *Tralievader* (Nightfather), this work challenges the conventional idea that trauma manifests itself through silence, the inability to tell or talk. In this novel the young daughter of a concentration camp survivor tells of the efforts she and her two brothers make to try to bridge the gulf between themselves and their father that has been formed by his camp experiences – a gulf not formed by silence but, on the contrary, by talk.[2] Whereas survivors are usually characterised as being unable or unwilling to tell their experiences, their father feels compelled to tell the details of his ordeal. He cannot stop talking about his camp experiences. Whatever kind of daily event or situation occurs in post-Holocaust life, it invariably evokes in him the urge to go back to the past and relate it to his children and wife. On the basis of this novel it is impossible to claim that the dynamics between survivors and their children is defined by silence and lack of communication. The father relates his Holocaust stories *all the time.* Of course, the question is, what *kind* of relationship with his children does this obsessive relating establish? Or to put it differently: what kind of problem does the father's obsessive relating *cause* in his children?

Although the age of the children is never specified, it is clear that they are all three still very young. They have the age at which they still have to learn the exact meaning of words, the ontological status of stories, of fairytales, of reality, of the difference between words and reality. Strikingly, having to listen to their father's Holocaust experiences creates at their age above all a *discursive* problem. It is not so much the problem that the knowledge of history, of the world and humanity implied by the father's stories is too enormous for them to grasp. Instead, they do not understand where those stories stop and where their world begins. This confusion is emblematically present in the father's use of the expression »camp«.

---

2 The way Friedman's *Nightfather* is narrated can be compared to Henri James's novella *What Maisie Knew.* It is very young girl whose understanding of the world around her is limited who is the main focalizor. It is through her eyes and understanding that we as readers get access to the described world.

For the father, as it is once phrased in the novel, »has camp«. The phrase sounds like an illness. The first of the forty short chapters is all about the way he uses the word camp and how his children struggle with grasping its meaning. The father never mentions the camp by name. He talks about the camp as if there had been just one. He is outraged when he watches a film about »the camp«, showing inmates frying eggs for breakfast. »An egg!« he says shrilly. »In the camp!« His daughter deducts the following conclusion from his outburst: »So camp is somewhere where no one fries eggs.«

Camp is not so much a place as a condition. »I've had camp,« he says. »That makes him different from us. We've had chicken pox and German measles. And after Simon fell out of a tree, he got a concussion and had to stay in bed for weeks. But we've never had camp« (Friedman 1994, p. 1-2). But the fact that she and her two brothers have never had camp does not imply that this condition uniquely applies to their father. When she and her two brothers visit the zoo, she starts to cry when looking at the wolf. Her older brother Max comes to her: »›Well?‹ he said in a bored voice when we were standing in front of the wolf's cage. ›What's the matter with him?‹ ›He has camp!‹ I sobbed. Max glanced through the bars. ›Impossible,‹ he said. ›Wolves don't get camp‹«(p. 2).

But at the moment that the scope of the word »camp« seems to become limited to the past and condition of her father, her vision of the world is confused again when Nellie, her school friend, suddenly uses the expression in a unfamiliar context. Nellie goes to the Girl Scouts, to the »Brownies« every Wednesday afternoon. The narrator asks her parents if she is allowed also to join the Brownies. But that is out of the question because before and during the War the Dutch scouts entertained very good relations with the Hitler Jugend. The next day the narrator informs Nellie that she is not allowed to join: »›Too bad,‹ she says. ›then you're going to miss a whole lot of things, movies, tracking, things like that. And camp.‹ ›Camp?‹ I repeat, wide-eyed.« (p. 40)

Although the precise meaning of »camp« remains unclear to the narrator, she again has to reconsider the scope of the term. Wolfs cannot have camp, but at the same time, the use of the term camp is not restricted to the past and condition of her father.

In this respect the term camp differs from other words, which she never encounters outside her fathers stories. The following exchange is significant, for example: »›What a funny father you have,‹ Nellie says, giggling. She looks at me expectantly but I avoid her eyes. What can I say? She knows nothing about hunger or about the SS. Words like *barracks, latrine*, or *crematorium* mean nothing to her. She speaks a different language. Nellie's father doesn't have camp, he has a bicycle that he rides to the factory, with a lunch box strapped to the carrier.« (p. 21)

If it is the case that the past and condition of her father are fundamentally different from her own world and other people's condition, then his stories can perhaps be compared to fairy tales. And indeed, the father sometimes talks as if he was telling a fairy tale. When the father tells a camp story in which his pants suddenly begin to talk to him, this solution of assessing their father stories as fairy tales is seriously considered: »›What did they [the pants] say?‹ I ask. ›They spoke in German,‹ says my father. I don't feel like translating all of it right now, but one of the things they told me was that they answered to the name of Heinrich and that they had once belonged to Adolf Hitler. They'd been looking up Adolf's asshole for years and had learned the most confidential state secrets that way. Then, one day, they were arrested and sent to the camp because they knew too much.‹ ›Talking underpants? But that can't be true!‹ says Simon. My father raises his hands helplessly.« (p.87) When the three siblings go to bed they evaluate the story that their father just told them: »Simon still finds it hard to believe. ›Clothes can't talk,‹ he says while we're getting undressed. Max, who doesn't have to go to bed for a long time, leans against the closet. ›Why not?‹ he says. ›Crazier things happened in the camp, people were gassed there.‹ Simon shrugs his shoulders. ›Of course people were gassed there,‹ he says. ›That's what a camp is for, isn't it?‹« (p. 88)

The siblings come to different conclusions. Simon, the youngest, feels too old for fairy tales. They are untrue, they contradict his frame of reference of reality and normality. The camp, however, is part of his frame of reference. He has heard so many stories about it. So camps where people are gassed is a matter of normality; they are known.

At this point, let me assess the status of discourse here. Although the father in Friedman's novel contradicts the common idea about traumatized people as silent and unable to talk about their experiences, this does not mean that he is able to relate to his family by means of his relating. He does tells stories, but whom does he address with his stories? He is often like the character Mado in Charlotte Delbo's *The Measure of our Days* who after the Holocaust is not able to communicate with her husband who is not a Holocaust survivor. She is never really present when she is in his presence. She only superficially addresses him. She can only relate to the others with whom she was in the camp and with whom she shared the same experiences. In *Nightfather,* this problem of address is especially acute when the father sings. The narrator says: »My father sings every evening. When we leave the table, one by one, after supper, he stays in his chair. He opens his mouth a little and rocks backward and forward, as if pumping his voice up from very deep down. It takes a little while for the sound to come out. We don't understand his songs. He learned them from fellow-sufferers drawn from every corner of Europe, people who shared barracks or bunks with him, or perhaps a piece of bread. They are dead, they can no longer speak, and they can't hear him. Yet it is for them that he sings. His long, drawn-out Slav vowels float over our heads, but they're not meant for us.« (p. 28-29)

The fact that the songs cannot be understood by the children has a very simple reason. They do not understand the languages in which they are sung. But there is more to it. The songs are not addressed to them either. Proper address seems to be another precondition for real understanding, for effective communication. It is in this respect that the singing of these incomprehensible songs is emblematic for the people to whom he tells his camp stories.

The father tell his stories but he usually forgets to bridge the gap between his frame of reference and those of his children. Yet, it is only when this gap is bridged that relating can become an effective way of relating *to*, in the sense of establishing relationship. The inability of the father to address his children causes from time to time emotional and violent conflicts, especially with the oldest son Max. During a moment of growing tension, when the father tries to reassure Max that he loves him, Max responds as follows: »›It' not true!‹ shouts Max. ›All you love is your SS! When we're at the dinner table, you go on about starvation. When we have a cold, you go on about typhus. Other fathers play soccer in the street with their kids, but when I bring a friend home just once, all you can do is talk about the camp. Why didn't you damn well stay there!‹« (p.97) This outburst – so true, yet so unfair, but how can Max know? – brings me to a theoretical conclusion.

Nightfather is more about children who are raised by traumatized survivor parents, than about the nightmares and trauma of the survivor. The two are related, yet, the problems those children have to struggle with are of a very different nature than those of the survivor parent. In the case that the child is also traumatized, and there are good reasons to claim this happens in some cases, the nature of the trauma is very different. That is why I contend that it makes little sense to speak of the *transmission* of trauma. Children of survivors can be traumatized, but their trauma does not consist of the Holocaust experience, not even in indirect or mitigated form. Their trauma was caused by being raised by a traumatized Holocaust survivor.

In order to explain this argument, I will first elaborate on the concept of trauma on which it depends. As I explained in my book *Caught by History* (cf. van Alphen 1997), trauma is not caused by the event or situation as such. It is not the extremity of the event which causes trauma. An event or situation can become traumatic for someone when this person's symbolic order does not provide consistent frames of reference in terms of which an event or situation can be experienced. The difficulty many (but not all) survivors of the Holocaust have in expressing their experiences can be explained by the fact that the nature of the events that happened to them is in no way covered by the terms, positions and frames of reference the symbolic order offers to them. In short, the problem which causes trauma is not the *nature* of the event, or any intrinsic limitation of representation per se, but the split between the *living* of an event and the availability of forms of representation with which the event can be *experienced.*

This discursive notion of trauma enables us to assess the precise cause of the problems the children in *Nightfather* have to struggle with. Whereas the trauma of survivors is caused by the discrepancy between the Holocaust events and the symbolic order with which these events can be experienced, the trauma of the children (if we want to use that term for their problems) originates in a even more basic phase of the process of experience. The symbolic order in which they enter in their childhood is fundamentally inconsistent or diffuse. They don't have clear frames of reference at their disposal with which they can easily make sense of the world. For them it is never really clear where stories of murder and humiliation stop and reality begins. [3]

One of the most fundamental principles of the symbolic order is that it introduces the notion of difference into existence, it distinguishes and it produces meaning on the basis of differentiation. This principle does not function well in the case of these children. Differences remain puzzling for them, the ontological status of stories, fairy tales and reality remains diffuse. It is not the case that their symbolic order is just *different,* that they make different distinctions and then apply a different ontological status to stories and reality. The world they grow up in is not only the family situation with the survivor parent. They also go to school and have their friends. Those two worlds and the ways these worlds contribute to the development of a symbolic order are in conflict. This does not lead to a different symbolic order, but to one which contains major diffuse areas.

When Max shouts to his father that he would have done better to have stayed in the camp, he clearly transgresses the distinction between what you are allowed to say and what is forbidden to say. What is supposed to be cruel in words and what is not? His inability to draw this boundary leads to situations that are wounding, wounding his father and wounding himself. After the mother has overheard the conversation between father and son, she intervenes: »›Just leave those building blocks,‹ my mother says to us, ›we're going for a short walk.‹ As we walk down the hallway, we can hear Max howling in his bedroom. We can still hear him down in the street. Only when we have turned the corner does an icy silence descend.« (p. 98-99) Turning the corner and the silence that is the result of that turning, is replete with symbolic meanings. It seems to stand for the impossibility to recognize the problems of the children of survivors as such, as problems that are not the minor, so weaker variants of the trauma of their parents, but are problems of a different

[3] See Lam 2000, expecially chapters 1 and 2.

nature. One cannot simply »turn the corner«, ignore what happens, because then an icy silence descends. But this acknowledgement that the consequences have to be attended to does not in itself solve the problem.

Seemingly agreeing with Max, in her book *After Such Knowledge* Eva Hoffman considers the possibility that the situation of the children is in some respect even worse than that of the survivor parents. After having gone through so much, with all their stories of formidable persecution behind them, the parents seem to be able to cope better with life than their children. In many cases they get less depressed, anxious or afraid. Hoffman attempts to explain this. Her conjecture is that the survivor parents in some way have been more fortunate than those who came after, because they had lives before the Holocaust: »The difference between coming into the world imbued with the Holocaust and having experienced a more normal world before turns out to be significant."(Hoffman 2004, p. 182-183)

Hoffman argues that the term »memory« is not all applicable to how the children of survivors relate to the Holocaust. Like Friedman she rather prefers to compare it to fairy tales: »The Holocaust, in my first, childish reception, was a deeply internalised but strangely unknown past. It has become routine to speak of the ›memory‹ of the Holocaust, and to adduce to this faculty a moral, even a spiritual value. But it is important to be precise: We who came after do not have memories of the Holocaust. Even from my most intimate proximity I could not form ›memories‹ of the Shoah or take my parents' memories as my own. Rather, I took in that first information as a sort of fairy tale deriving not so much from another world as from the center of the cosmos: an enigmatic but real fable« (op. cit., p. 6).

In contrast with the family situation in Friedman's *Nightfather*, however, Hoffman's parents are not compulsive narrators. Her parents do not express memories but something of a completely different order: »Rather it was something both more potent and less lucid; something closer to enactment of experience, to emanations or sometimes nearly embodiments of psychic matter – of material too awful to be processed and assimilated into the stream of consciousness, or memory, or intelligible feeling« (op. cit., p 7). For the children, this different kind of or order of expression does not lead to a coherent, intelligible symbolic order. This was impossible, because the intensely emotional language of her parents was utterly chaotic: »[…] in our small apartment, it was a chaos of emotion that merged from their words rather than any coherent narration. Or rather, the emotion, direct and tormented, was enacted through the words, the form of their utterances. The memories – no, not memories but emanations – of wartime experiences kept erupting in flashes of imaginary; in abrupt, fragmented phrases; in repetitious, broken refrains. They kept manifesting themselves with a frightening immediacy in that most private and potent of family languages – the language of the body« (op. cit., p. 9).

Hoffman stresses the incoherency of those first communications about the Holocaust. It concerned broken speech, broken under the pressure of pain; just fragments or episodes, repeated but never elaborated upon. They remained compressed and packed. The fact that these intense, fragmented communications could not be integrated into a coherent narrative, into the rest of their symbolic order, turned them into »wondrous fairy tales«. For, fairy tales, too, rely on the fact that their ontology cannot be integrated into those which are supposed to be realistic, for what makes them so special: »[...] the mythology passed on in this way conveyed a universe of absolute forces and absolute unreason, a world in which ultimate things happened without cause or motive, where life was saved or lost routinely and through reflex movement, and where the border between life and death was dangerously permeable. Irrational as the world that my parents endured had been, I made of it something more utterly irrational still« (op. cit., p 12).

Hoffman's conclusion is that in the case of the survivors as well as of their children, the trajectory of response to the Holocaust events is the opposite of the trajectory of the faculty of memory. According to Hoffman, the experiences of the survivors became narratable, became a coherent narrative, albeit only much later. They became narratable not because they processed their memories. It was not a matter of connecting pieces of memory into a coherent epic. The coherence was not provided by their memories: it came from outside, through literature and film, through memoirs and testimony's of others, which circulated more and more in public culture.

The way in which the post-generation's trajectory is the opposite of the process of memory differs fundamentally from how their parents trajectory challenges the idea of memory. Hoffman writes: »For while the adult world asks first ›what happened,‹ and from there follows its uncertain and sometimes resistant route towards the inward meaning of the facts, those who are born after calamity sense its most inward meanings first and have to work their way outwards toward the facts and the worldly shape of events« (op. cit., p. 16).

The normal trajectory of memory is fundamentally indexical. Memories, partial, idealized, fragmented or distorted as they can be, are traces of the events of which they are the memories. There is a continuity between the events and its memory. And this continuity has an unambiguous direction: the event is the beginning, the memory is the result. In the case of the generation of survivors the continuity between event and memory is hampered. There has been an indexical relationship but the memory in which it results, is too unprocessed, that is, un-experienced. The memory is more like a unmediated return of the event than an indexical, hence, mediated account of it in the form of memory. But, as Hoffman explains, it is thanks to the outside world, to the world of addressees, or the world of public culture and the films, books, narratives that circulate in that culture, that the unexperienced return of the event can belatedly be »worked through«. The coherency of narrative or of experienced events is, belatedly, introduced, albeit from the outside. The hampered indexical relationship between past and present, between event and the memory of it is restored thanks to the help of others, or of culture as such.

In the case of the children of survivors the indexical relationship that defines memory has never existed. Their relationship to the past events is based in fundamentally different semiotic principles. It is only confusing to speak of memory in this context, because memories are missing, by definition. That does not mean that the generation of the children has no knowledge of their family's past. That knowledge is, however, the result of a process of constructing, of conveying, of combining historical knowledge and the memories of others. It is not indexical in nature, but rather the result of projecting historical, familial knowledge on a past one is disconnected from.

This disconnectedness is key. In the context of this argument it is necessary to say a few words about the term »postmemory«, as it has been introduced by Marianne Hirsch. In her explanation of this concept Hirsch mainly legitimises the prefix post-. The term »memory« however, seems more or less self-evident in her account. The prefix post- does not imply for her that later generations are »beyond memory« and thus, rather, in history. Postmemory is distinguished from memory by generational distance, and from history by deep personal connection. (Hirsch 1997, p. 22) »Post-« indicates that the following noun concerns a very particular kind of memory, a memory that connects to its object not through recollection but through an imaginative investment and creation. The fact that postmemory is the result of an imaginative and creative act does not distinguish it *fundamentally* from memory, because, according to Hirsch, memory is also mediated – a view with which I fully agree. There is only a relative difference: memory is »more directly connected to the past« (ibid.). The problem is that the »deep personal connection« claimed by Hirsch for the generation of children, concerns first of all a connection with the parents. It is only through the deep connection with the parents that a connection with the latter's past is established. If I may suggest an alternative: I contend that this deep connection with the past is a *displacement* of the connection with the parents. By claiming connection through displacement the notion of memory becomes more self-evident than, I think, is warranted, and thus the concept unwittingly comes to beg the question it raises.

Positing the mediated state of memory is not the same as *explaining* why postmemory is imaginative and creative, yet remains a case of memory. When memories are argued to be mediated, it implies that they are not transparent accounts of the past. The narrative discourse used for expressing the memories adds specific significations to the memories. This constructed or mediated aspect of memory does not imply, however, that memory is imaginative or the result of creative projection on the past. In contrast, this quality is precisely what defines *post*memory. By arguing for a relative instead of a fundamental difference between memory and postmemory, Hirsch risks confusing the dependency on language and narrative conventions for the expression of memory with discussions about the fictionality of certain genres. And that seems to me a dangerous entrance into relativization – something I know to be that last thing Hirsch would want.

It is, however, especially the notion of »memory«, rather than the prefix post, that needs legitimation in this context. Hirsch contrasts her term to Nadine Fresco's notion of »absent memory« and affiliates it to Henri Raczymow's notion of »mémoire trouée« (memory shot through with holes). But this persistent use of the term memory leads to a potential contradiction. Unwittingly, Hirsch ends up with the contradictory desire to use the term memory because of the close personal *connection* with the parents, while at the same time speaking of a memory that is indirect and *dis*-connected. But then, I wonder if calling what happens memory at all is the best way to explain the process at stake? If indexicality defines memory, the relation between memory and its object, one can speak of the memories children have of their parents telling about their Holocaust experiences. But using the term memory, post- or not, only confuses the intergenerational processes, that are, I would say, post- by definition, with the image the children have of their parents past.

The term »postmemory« risks, I think becoming unwittingly symptomatic for the *desire* of the generation of children of survivors to connect to the past of their parents, a desire that remains frustrated. This desire is so strong because of the radical *dis*-connection with that past, because of »absent memory«. To describe this situation of disconnection by means of a term that implies indexical connection, ultimately may not help to understand the specificity of the problems of children of survivors, and of the special dynamics between survivor parents and children.

This brings me to my conclusion. The term postmemory shares with the idea of intergenerational transmission of trauma the claim of a fundamental continuity between generations. As I have argued on the basis of the writings of, first, theorists Epstein and Fresco, then imaginative writers Friedman and Hoffman, the dynamics between children and survivor parents is rather defined by dis-connection, hence, dis-continuity. Disconnection not in an emotional, personal sense, but in terms of understandability, that is, in the sense of ontology as well as of epistemology.

I would even say that the more children feel disconnected from the past of their survivor parents, the less they are able to know it or understand it, the deeper they feel personally connected to them or the more they need that connection. But to posit that connection, then, as the basis of what happens is, it seems to me, close to a form of, literally, wishful thinking.

Bibliography

Alphen, Ernst van (1997): Caught By History: Holocaust Effects in Contemporary Art, Literature , and Theory. Stanford: Stanford University Press.

Epstein, Helen (1979): Children of the Holocaust: Conversations with Sons and Daughters of Survivors. New York: Putman.

Fresco, Nadine (1984): Remembering the Unknown, in: The International Review of Psycho-Analysis, 11, pp. 417-28.

Friedman, Carl (1991): Tralievader. Amsterdam: Van Oorschot. English translation: Nightfather [1994], translated by Arnold and Erica Pomerans. New York: Persea Books.

Hirsch, Marianne (1997): Family Frames: Photography, Narrative, and Postmemory. Cambrdige, MA: Harvard University Press.

Hoffman, Eva (2004): After Such Knowledge: Memory, History, and the Legacy of the Holocaust. New York: Public Affairs.

LaCapra, Dominique (2004): History in Transit: Experience, Identity, Critical Theory. Ithaca NY: Cornelle University Press.

Lam, Janneke (2002): Whose Pain? Childhood, Trauma, Imagination. Amsterdam: ASCA.

Novick, Peter (2002): The Holocaust in American Life. Boston: Mariner Books.

Randle, Judith (2004): Deaths, Disasters, and Traumas: Changing Meanings of the Word »Survivor«, 1850 – present. PhD paper, Rhetoric Department, University of California at Berkeley.

Johannes Picht

Raum, Zeit und psychischer Apparat

I

In *Triebe und Triebschicksale* führt Freud »Ich-Außenwelt« neben »Lust-Unlust« und »Aktivität-Passivität« als eine von drei Polaritäten an, die das seelische Leben beherrschen (Freud 1915c, S. 226). Das Ich, an diesem Punkt seiner Theorieentwicklung noch dem entsprechend, was später als das Selbst bezeichnet werden wird, ist damit als ein Innen dem gegenübergestellt, was als die Welt oder die so genannte äußere Realität außen verortet wird. Später entwirft Freud mit den Zeichnungen in *Das Ich und das Es* (Freud 1923b, S. 252) und später in der *XXXI. Vorlesung* (Freud 1933a, S. 85) ebenfalls räumliche Modelle, die das veranschaulichen sollen, was er schon früh mit fast beiläufiger Selbstverständlichkeit den »psychischen Apparat« genannt hat (Freud 1898a, S. 512), und die sich explizit auf den anatomischen Aufbau des Zentralnervensystems beziehen. Das Ich (jetzt eine Instanz im Strukturmodell) ist dabei an der Ober- oder Außenfläche, den Objekten zugewandt, das Es dagegen unten bzw. innen in der Tiefe angesiedelt. Die dritte Instanz, das Über-Ich, trägt eine räumliche Bestimmung schon in ihrem Namen.

Auch die Seele als Ganze ist demnach räumlich gedacht. Dies ist nicht nur ein beliebiges Darstellungsmittel, sondern konstitutiv für das Freudsche Denken. Denn die Triebwünsche werden als von innen kommend und auf die äußere Realität stoßend vorgestellt. Lust und Unlust ergeben sich je nach Kongruenz oder Konflikt von Innen (Wunsch) und Außen (Realität). Und die dritte Polarität, Aktiv-Passiv, bezeichnet die zwei möglichen Richtungen einer Einwirkung von Innen (Selbst) nach Außen (-welt) oder von Außen nach Innen. In der räumlichen Konzeption des psychischen Apparats ist daher Freuds Konzeption der Psychoanalyse als Konfliktpsychologie und die duale Grundstruktur des Freudschen Denkens widergespiegelt. Die Konzeption einer Tiefenpsychologie impliziert darüber hinaus einen Kontrast zwischen psychischen Phänomenen an der Oberfläche, die sich im direkten Austausch mit aktuellen Geschehnissen der Außenwelt ereignen und von ihr bestimmt werden, und Tiefenphänomenen, die autonom und autochthon, d. h. weitgehend umweltunabhängig gedacht sind (vgl. Mitchell 1993, S. 358-359). Letztere hat Freud mehrfach als zeitlos bezeichnet (z. B. Freud 1915e, S. 286) und damit den Verdacht entstehen lassen, die psychoanalytische Theorie enthalte in der Trieblehre eine Art Metaphysik, zumal er selbst einmal für die Psychoanalyse den programmatischen Vorsatz formuliert hat, »Metaphysik in Metapsychologie umzusetzen« (Freud 1901b, S. 288).

Bis heute halten wir es unreflektiert für selbstverständlich, in unserem Reden über psychische Vorgänge räumliche Kategorien wie Innen und Außen, Tiefe und

Psychoanalyse im Widerspruch, 17. Jahrgang, 2005, Heft 33, S. 103-115.

Oberfläche zu verwenden, und geben uns meist keine Rechenschaft über die Implikationen und Vor-Urteile, die wir damit übernehmen. Die Räumlichkeit des psychischen Apparats ist auf die Räumlichkeit des Körpers bezogen, wir versetzen, wenn wir so reden, die Seele in den Körper. Aber welcher Körper ist gemeint? Freud unterscheidet nicht immer scharf zwischen (1) dem Körper als anatomisch-physiologischem Präparat, zu dem das Zentralnervensystem gehört und der ein Teil der Objektwelt ist, (2) dem Körper als Teil der bewußten Wahrnehmungswelt bzw. als Summe der Körperafferenzen und (3) dem psychisch repräsentierten, imaginierten und besetzten Körper, gewissermaßen dem Körper in der Seele. Welcher Raum soll der Raum der Seele sein?

Das zwingendste Motiv, einen psychischen Innenraum zu konzipieren und ihn von der Außenwelt abzusetzen, dürfte in dem Bedürfnis liegen, ein individuelles Selbst und das, was dazu gehört, von dem abzusetzen, was nicht zum Selbst gehört. Dieser Gegensatz wird, so stellt Freud fest, »dem Einzelwesen [...] aufgedrängt durch die Erfahrung, daß es Außenreize durch seine Muskelaktion zum Schweigen bringen kann, gegen Triebreize aber wehrlos ist« (Freud 1915c, S. 226). Kurz gesagt, zu unserem Selbst rechnen wir das, was uns bleibt, wie auch immer wir uns drehen und wenden, das Nichtselbst dagegen können wir durch Bewegung welcher Art auch immer zum Verschwinden bringen. Ein anderes Kriterium der Unterscheidung von Selbst und Nichtselbst gibt es nicht. Dies ist aber ein Kriterium, das ebensogut zeitlich aufgefaßt werden kann. Was uns in der Zeit dauerhaft erhalten bleibt, wird als zum Selbst gehörend empfunden; das Andere ist flüchtig, im zeitlichen Sinn vorübergehend.

Die menschliche Fähigkeit zur Lüge und Verstellung, die Fähigkeit, Gedanken und Stimmungen zu haben, ohne daß sich dies einem anderen mitteilt, ist ein weiterer Sachverhalt, der eine räumliche Vorstellung nahelegt. Sie entspricht der Fähigkeit, Handlungsimpulse in der Schwebe zu halten und nicht sofort umzusetzen, was nach psychoanalytischer Auffassung wiederum eng mit der Fähigkeit zu denken verknüpft ist. Zwingt dies nicht zu der Vorstellung, daß etwas innen bleibt und nicht nach außen dringt? Genau besehen, ist jedoch auch hier das, was wir mit einer Raumvorstellung verbinden, ein zeitlicher Sachverhalt, der Aufschub der – wie Freud sagen würde – Energieabfuhr.

Phantasien, Halluzinationen und andere Phänomene, die sich einem Menschen mitteilen, einem anderen aber nicht, könnten ein weiteres Argument für die Vorstellung eines psychischen Innenraums sein. Hier gibt aber zu denken, daß jemand, der phantasiert oder träumt, die wahrgenommenen oder vorgestellten Phänomene zwar nicht unbedingt als real, aber mit großer Evidenz als der übrigen Wahrnehmungswelt kommensurabel erlebt: Auch vorgestellte oder halluzinierte Phänomene sind Phänomene. Die Frage nach der »Lokalisation« psychischer Vorgänge führt auch in anderen Zusammenhängen, z. B. hinsichtlich der Provenienz von Über-Ich-Forderungen, oft in kaum zu lösende Aporien, so daß man an

Ich-Forderungen, oft in kaum zu lösende Aporien, so daß man an diesem Konzept überhaupt zu zweifeln beginnen muß.

Es gibt also keinen zwingenden Grund, die Seele für ein im Raum befindliches und räumlich beschaffenes Phänomen zu halten. Die räumliche Vorstellung ist lediglich eine Metapher, ein Projektionsschematismus. Man könnte dies nun als eine reine Frage der Beschreibung abtun: Wenn das räumliche Konzept der Freudschen Metapsychologie vielleicht hier und da nicht befriedigt, stellt man ihm eben ein anderes zur Seite und bedient sich des einen oder des anderen oder mehrerer, je nachdem, was man gerade beschreiben will. Die Psychoanalyse wird damit zu jenem Patchwork von Konzepten, mit dem wir es heute zu tun haben. Aber mit diesem Patchwork verdecken wir, daß wir im Grunde nicht wissen und uns nicht gefragt haben, was eigentlich die Psyche der Psychoanalyse ist. Wir setzen unkritisch voraus, daß es »Psyche« gewissermaßen als Gegenstand gibt, primär unabhängig von den Konzepten, die uns zu ihrer Beschreibung einfallen. In Wahrheit wird aber mit der Konstruktion des psychischen Apparats oder anderer Modelle nicht nur eine Beschreibung gegeben, die wieder verworfen werden kann, wenn sie nicht paßt, sondern es wird – ob bewußt oder unbewußt – der Horizont gesetzt, der darüber entscheidet, was als psychisches Geschehen in den Blick kommt und was nicht, und wie es aufgefaßt wird. Das heißt aber, es wird entschieden, wie wir uns selbst und unser Verhältnis zu der Welt, zu der wir gehören, auffassen. »Psyche« ist kein gegebener Gegenstand, sondern selbst ein Konzept. Was ist dann aber der Gegenstand der Psychoanalyse?

II

Dies ist nach der heute gängigen Vorstellung von Arbeitsteilung unter verschiedenen Disziplinen eine Frage, die die Psychoanalyse nicht selbst zu beantworten hat, denn es ist eine philosophische Frage. Ich bin selbst kein Fachphilosoph; ich stütze mich im Folgenden wesentlich auf das philosophische Werk meines Vaters Georg Picht, auf das ich hier verweise.[1]

Wenn man wissen will, was ein Konzept impliziert, muß man untersuchen, woher es kommt, und anhand welcher Fragestellungen und Erfahrungen es entstanden ist – Freud würde vielleicht sagen: welche »Not des Lebens« (Freud 1900a, S. 570) es hervorgebracht hat. Begriffe und Konzepte haben mit neurotischen Symptomen gemeinsam, daß wir unter ihnen leiden und von ihnen behindert sein

---

[1] Der größte Teil der philosophischen Schriften von Georg Picht ist posthum als Studienausgabe der *Vorlesungen und Schriften* in elf Bänden im Verlag Klett-Cotta (Stuttgart) erschienen. Die für die hier diskutierte Thematik in erster Linie relevanten Titel sind im Literaturverzeichnis aufgeführt; Näheres findet sich über die Sachregister in den einzelnen Bänden. Der Herausgeberin, Constanze Eisenbart, danke ich für wertvolle kritische Hinweise.

können, ohne es klar zu wissen, und daß wir ihnen gegenüber erst in den Stand der Freiheit gelangen, wenn wir ihre Anamnese aufgedeckt und die ihnen zugrunde liegenden Erfahrungen nachvollzogen haben. Die Frage, was Psyche ist, können wir unvoreingenommen erst stellen, wenn wir uns die Voreingenommenheiten bewußt gemacht haben, die wir aufgrund der Tradition, in der wir aufgewachsen sind, in diesem Begriff immer schon mitschleppen. Indem in dieser Weise versucht wird, den systematischen Gehalt eines philosophischen Begriffs mit Hilfe einer historischen Anamnese aufzudecken, bedient sich die Philosophie einer Methode, die der psychoanalytischen Methode verwandt ist (vgl. G. Picht 1995, S. 147-148).

Die Frage nach der Entstehung unseres Konzepts der Psyche führt in die Entstehungszeit der abendländischen Metaphysik zurück, insbesondere zu Parmenides, Platon und Aristoteles. In enger Beziehung zueinander sind damals ein spezifischer Begriff der Psyche und ebenfalls spezifische Begriffe von Wahrheit und von Zeit entstanden und haben dem europäischen Denken eine Gestalt gegeben, die es von dem anderer Kulturkreise grundlegend unterscheidet. Die griechische Philosophie ist trotz ihres bis heute beherrschenden Einflusses auf unser Denken eine entfernte, schwer zugängliche Welt, und die Zusammenhänge sind komplex; ich versuche trotzdem etwas anzudeuten.

Eines der konstitutiven Vermögen der menschlichen Psyche war für die Griechen das Erkenntnisvermögen. Der Begriff der Psyche ist deshalb bereits in seinem Entstehen verknüpft mit der Frage nach der Möglichkeit der Erkenntnis von Wahrheit. Als höchste und einzig wahre Erkenntnis galt die Erkenntnis dessen, was in der Flucht der Erscheinungen Bestand hat, des Allgemeinen und Zeitlosen. So findet sich bereits an der Wurzel auch die Verknüpfung mit einer bestimmten Vorstellung von Zeit. Der metaphysische Zeitbegriff gibt auf die Frage nach der Einheit der Zeit – jenseits unserer Erfahrung des Auseinandertretens in die drei Modi Vergangenheit, Gegenwart und Zukunft – eine spezifische Antwort. Auf eine kurze Formel gebracht: Alles was ist, ist in der Zeit und damit vergänglich, aber die Zeit selbst als Eines und Ganzes ist nicht in der Zeit und damit ewig. Damit ist ein transzendenter Bereich zeitloser Wahrheit konstituiert. Wenn es der Seele möglich sein soll, hiervon Erkenntnis zu haben, muß sie dieser Transzendenz fähig sein und an der Zeitlosigkeit ihrer Erkenntnis Anteil haben. Wahrheit wird in diesem transzendenten Bereich ursprünglich als Identität gedacht, als Einssein von Sein und Erkennen, und davon leitet sich der uns geläufige Begriff von Wahrheit als *adaequatio* ab, als Übereinstimmung eines Sachverhalts mit seiner Abbildung etwa in einer Aussage. Das ist der Wahrheitsbegriff, der unserer Naturwissenschaft zugrundeliegt.

Eine Aussage kann nur wahr sein, wenn nicht nur die einzelnen Wörter etwas tatsächlich Gegebenes bedeuten, sondern wenn auch die Struktur der Aussage mit der Struktur des Sachverhaltes, den sie aussagt, übereinstimmt. Die allgemeine

Struktur einer Aussage ist nach Aristoteles die des Aussagesatzes, in dem einem Subjekt ein Prädikat zugeordnet wird. Das *subjectum*, das Zugrundegelegte, repräsentiert die Substanz, das Unveränderliche, dem im Prädikat etwas Akzidentelles, Veränderliches zugeordnet ist. Wenn ich zum Beispiel sage, der Tisch ist schwarz, dann drücke ich damit aus: Es gibt diesen Tisch, und jetzt ist er schwarz, aber er bliebe derselbe Tisch, wenn ich ihn rot anmale. In der Struktur der Aussage als Satz aus Subjekt und Prädikat ist eine Polarität gegeben zwischen dem, was durch die Zeit hindurch mit sich selbst identisch bleibt, und dem, was sich verändern, was kommen und gehen bzw. was dem Subjekt zukommen und nicht zukommen kann, ohne daß es seine Identität einbüßt.

Diese Formulierung entspricht nun derjenigen, die wir vorhin in einem anscheinend ganz anderen Zusammenhang zur Beschreibung der Polarität zwischen Selbst und Nichtselbst, Innen und Außen der Psyche gefunden hatten. Was bedeutet das? Wenn die Welt so konzipiert wird, daß zwischen Bleibend-Identischem und Vergehend-Nichtidentischem eine Differenz besteht, dann muß auch die Psyche, wenn sie Erkenntnis von der Welt haben soll, derart strukturiert aufgefaßt werden. Sie enthält dann schon in ihrer begrifflichen Struktur die von der griechischen Metaphysik zwischen der Region des Zeitlos-Ewigen und der Region der flüchtigen Erscheinungen gesetzte scharfe Trennung.

Welche »Not des Lebens« steht hinter dieser Setzung? Was wir vielleicht am deutlichsten heraushören können, ist das Bedürfnis, gedanklich eine Verankerung unserer Identität in einem Bereich jenseits der Flucht der Erscheinungen zu begründen. Die Metaphysik von Parmenides bis Schopenhauer tut dies, indem sie eine radikale Kluft aufreißt zwischen den flüchtigen Dingen in der Zeit und den außerzeitlichen, »ewigen« Wahrheiten. Wir sind heute gewohnt, über Metaphysik abfällig zu reden. Wir folgen damit aber nicht einer Erkenntnis, sondern einer Mode, und deshalb reproduzieren wir weiterhin die undurchschauten metaphysischen Denkstrukturen. Die metaphysische Kluft findet sich wieder als Kluft zwischen Innen und Außen, zwischen dem Subjekt und den Objekten. Was entworfen wurde, um uns sichere Identität und Permanenz zu geben, zerreißt so unseren Zusammenhang mit uns selbst und mit der Welt.

Wenn hier mit Recht eingewandt wird, die Psychoanalyse wolle gerade diesen Zusammenhang zwischen Selbst und Welt wiederherstellen, so ist zumindest für die Stufe der Freudschen Metapsychologie zu erwidern, daß wir, wenn wir die Psyche als Apparat konzipieren, die Kluft gewissermaßen in unseren Rücken verlegt haben, weil wir als Beobachter außerhalb des Beobachteten bleiben. Freud hat die Psyche zum Objekt einer neuen Wissenschaft gemacht, zugleich konstruiert er sie aber in der Nachfolge der metaphysischen Tradition so, daß sie Subjekt ist, den Objekten gegenüber und primär von ihnen getrennt. Dieser Widerspruch bleibt unaufgeklärt. Wir haben noch keine Klarheit, was es heißt, diese Kluft zu überwinden: was wir damit aufgeben, und was wir gewinnen. Kann Psychoanalyse im bisherigen Sinne eine Wissenschaft sein, wenn sie in der Konsequenz dazu beiträgt, die Voraussetzung einer solchen Wissenschaft, die Trennung zwischen dem erkennenden Subjekt und den erkannten Objekten, fraglich werden zu lassen?

III

Läßt sich die Einheit der Zeit in einer anderen, den Zusammenhang nicht zerreißenden, nichtmetaphysischen Weise denken? Mein Vater hat dies auf dem Wege einer phänomenalen Analyse der Zeit versucht. Auch dies ist ein sehr komplexes Gebiet. Ich kann hier nur einige Züge skizzieren (vgl. G. Picht 1992).

Den metaphysischen Zeit- und Raumbegriff findet man in der klassischen Naturwissenschaft etwa in der Newtonschen Mechanik wieder. Hier gilt der Raum als unveränderbar gegeben, und die Zeit verläuft – vorgestellt in einem räumlichen Bild – als Zeitstrahl, auf den gewissermaßen von außen geblickt wird. Sie ist nichts anderes als ein Parameter für Bewegung und Veränderung im Raum. Vergangenheit und Zukunft sind isomorph und gleichermaßen determiniert. Wenn ich die (zeitlos wahren) Naturgesetze kenne, kann ich auf Tausende von Jahren hinaus z. B. Sonnenfinsternisse voraussagen, und dies gilt nach diesem Paradigma prinzipiell für alle zukünftigen Phänomene, auch wenn deren Bedingtheiten in praxi so komplex sind, daß dies nicht gelingt. Freuds Lehre vom psychischen Apparat einschließlich der damit gegebenen Vorstellung von der Determiniertheit psychischer Vorgänge ist auf dem Boden dieses Paradigmas entstanden.

Demgegenüber beschreibt die phänomenale Zeitanalyse die Anwesenheit (Gegenwart) der drei Zeitmodi Vergangenheit, Gegenwart und Zukunft in den Phänomenen selbst in Form der drei Seinsmodalitäten Notwendigkeit, Wirklichkeit und Möglichkeit. Der Begriff des Phänomens – das, was erscheint – besagt, daß alles, wovon wir sagen können, daß es ist, überhaupt nur in der Form ist, daß es sich zeigt und auf anderes wirkt und somit in einem universalen Kommunikationszusammenhang steht. Dieser Zusammenhang ist nichts Sekundäres oder Additives; es gibt am Phänomen nichts vorzufinden, was vor, außerhalb oder unabhängig von der Kommunikation und damit von der Zeit wäre. Die drei Seinsmodalitäten gehen unmittelbar aus der Struktur der Zeit hervor. Notwendig und determiniert ist allein das, was schon eingetreten ist, das Vergangene. Das Verlaufen von Zeit besteht in einem unablässigen Verwirklichen (Gegenwart) von Möglichkeiten (Zukunft), d. h. im Entscheiden immer neuer Optionen. Die Zukunft ist demnach nicht determiniert, sie ist prinzipiell offen. Einzige Einschränkung ist, daß sich nur solche Optionen verwirklichen lassen, die mit dem bereits Verwirklichten in einem Kommunikationszusammenhang stehen, der durch die Naturgesetze gegeben ist (von deren ewiger Gültigkeit auch die Physik heute nicht mehr überzeugt ist). Dieser Möglichkeitsbegriff von Zukunft entspricht der Erkenntnis der Quantentheorie, daß zukünftige Zustände prinzipiell probabilistisch und undeterminiert sind, während die klassische Physik zukünftige Zustände ebenso wie vergangene als Fakten beschreibt und den Begriff der Möglichkeit nicht auf der Seite der Phänomene sondern nur auf der Seite des Beobachters und dessen unvollständiger Kenntnis aller determinierenden Faktoren ansiedelt.

Die Einheit der Zeit erscheint jetzt nicht mehr in einem Jenseits der Modi und der Phänomene sondern in der Verklammerung der drei Zeitmodi in der Phänomenalität der Phänomene selbst. Denn in jedem Phänomen ist seine Vergangenheit gegenwärtig als Summe der Strukturen und Geschehnisse, d. h. Entscheidungen, die zu seiner Verwirklichung geführt haben. Ebenso ist seine Zukunft gegenwärtig in Gestalt der Möglichkeiten, die sich durch und für es auftun. Neben dieser Gegenwart aller drei Zeitmodi läßt sich (für Psychoanalytiker besonders interessant) unter anderem auch eine Zukunft der Vergangenheit beschreiben. Denn auch für alle Zukunft gilt, daß nichts, was einmal in Erscheinung getreten ist, wieder ausgetilgt werden kann. Aber Vergangenes kann sich in Zukunft in immer neuer Weise vergegenwärtigen.

In diesem Zusammenhang kommt der Vorstellungskraft fundamentale Bedeutung zu. Vorstellung ist Repräsentation, Vergegenwärtigung von Abwesendem, also auch von Vergangenem oder Zukünftigem. Ohne Vorstellungskraft keine Wahrnehmung von Phänomenen. Es gäbe diesen Tisch nicht, sondern nur wechselnde Lichtreize auf meiner Retina, wenn ich nicht mittels meiner Vorstellungskraft die jeweils rezipierten und von Moment zu Moment wechselnden Sinneseindrücke zu einem Tisch ergänzen könnte mit seinen räumlichen Eigenschaften, seiner Kontinuität, den Bedingungen seines Daseins und den mit ihm gegebenen Möglichkeiten. Das Vermögen, sich in diesem Sinne ein Bild von den Phänomenen zu machen, nennen wir auch mit einem aristotelischen Begriff *Phantasie.* Phantasie ist keine weltabgewandte Tätigkeit einer in ihr Inneres zurückgezogenen Seele, sondern ein fundamentales Organ der Weltbezogenheit und immer bei den Phänomenen, die es ohne sie nicht gäbe. Phantasie ist auch die Fähigkeit, mittels welcher Vergangenes und Zukünftiges überhaupt nur der Wahrnehmung gegeben sind, also gegenwärtig werden. Ohne Phantasie gibt es daher keine Zeitwahrnehmung. Da uns Erfahrung von Realität nur in der Zeit gegeben ist, gilt somit: ohne Phantasie keine Realität.

IV

Ich breche den Ausflug in die Philosophie hier zunächst ab; zur vollständigen Anamnese des abendländischen Begriffs der Psyche wäre es noch ein sehr weiter Weg. Indem wir gewohnheitsgemäß der räumlichen Metaphorik zur Beschreibung psychischer Phänomene Priorität geben, setzen wir, bewußt oder nicht, einen bestimmten Begriff von Raum und Zeit voraus, der die Ontologie der Metaphysik und damit eine scharfe Trennung zwischen dem Ewigen und dem Vergänglichen impliziert. Wir übernehmen damit den scharfen Schnitt zwischen dem Subjekt und den Objekten, beides Begriffe, die der Metaphysik entstammen und nur im Horizont der Metaphysik einen Sinn haben. Die Art und Weise, wie wir auf diesem Boden über »Objektbeziehungen« zu denken und zu reden genötigt werden – nämlich im Sinne primär isolierter Entitäten, die sekundär in Beziehung zueinander treten –, ist damit präformiert, ohne daß uns dies notwendigerweise bewußt ist. Heute kann und muß philosophisch über den Horizont der Metaphysik hinaus gedacht werden, und dies hat auch für das psychoanalytische Denken weitreichende und noch nicht abzusehende Konsequenzen. Ich kann auch dies nur andeuten.

Klaus G. Lickint, der hierüber ein im Ansatz interessantes, aber letztlich enttäuschendes Buch geschrieben hat, folgert unter anderem, daß ein eigener psychischer Innenraum, in dem Vergangenes gespeichert ist, nicht mehr angenommen werden müsse, da ja in den Phänomenen selbst deren Vergangenheit gegenwärtig sei. Gedächtnis müsse daher eine andere Struktur haben. Auch die Dynamik des Es müsse nicht in einem Innenraum geortet werden, sondern ergebe sich aus der inhärenten Dynamik, d. h. Möglichkeitsoffenheit der Welt selbst. Entsprechend sei die Neurosenlehre als »Pathologie des Möglichkeitssinnes« zu entwerfen. Phantasien, auch unbewußte, erscheinen als vorgestellte Wirklichkeiten und Möglichkeiten, also Gegenwart und vergegenwärtigte Zukunft, vergangener, gegenwärtiger oder zukünftiger Phänomene, sind also Teil von deren Phänomenalität. Auch Widerstand sei nicht in Bezug auf innen liegendes Verdrängtes, sondern auf reale Möglichkeiten zu verstehen. Die Triebe seien nicht von innen der Welt entgegenwirkende Kräfte, sondern entsprechen dem Druck oder Sog, mit dem die in der Zukunft gelegenen Möglichkeiten der Welt selbst danach drängen, entschieden und verwirklicht zu werden. Polymorph pervers seien daher nicht die Triebe, sondern die Möglichkeiten in der Welt selbst. Auch Affekte seien nicht Innerlichkeiten, sondern Widerfahrnisse, Zusammenstöße mit der Welt. Das Trauma sei »entdeckte Welt« in einer Form, die den Möglichkeitssinn lähme, und der Wiederholungszwang sei dasjenige Erkennen von phänomenalen Gehalten in der Welt, das aus solcher Erfahrung entspringe (vgl. Lickint 1996, S. 129-130).

Dies sind anregende Formulierungen. Es soll aber nochmals betont werden, daß der Begriff »Welt« sich hier ebenfalls verändert; es ist nicht mehr die uns zur Denkgewohnheit gewordene Objektwelt, der wir gegenüberstehen. Wenn wir uns von der räumlichen Metaphorik zu lösen beginnen, geraten wir in einen Strudel von Zeit, von Bewegung und Veränderung, der wir jetzt nicht mehr gleichsam von außen zusehen können. Der Standpunkt des Betrachters hört auf, bequem und sicher zu sein. Was bedeutet das für die psychoanalytische Haltung?

Vieles hiervon ist der Psychoanalyse nicht mehr neu; Psychoanalytiker sahen sich schon immer genötigt zu philosophieren, auch wenn sie es nur selten dem Schulbegriff nach und mit voller Stringenz getan haben. Daß sich Wahrnehmung von Phänomenen erst ergibt, wenn sich Rezeptivität und Vorstellungskraft verbinden, diese alte Erkenntnis ist zwar von Freud bei seinem Entwurf des psychischen Apparats vereinfachend außer Acht gelassen worden, aber mit Bions Theorie des Denkens (vgl. Bion 1962) und vorher noch mit Winnicotts Theorie der Übergangsobjekte (Winnicott 1951) kehrt etwas davon in die Psychoanalyse zurück. Man kann auch etwa auf Fairbairn verweisen und seinen Ruf, es gebe kein Es, und die Libido sei primär auf der Suche nach Objekten (Fairbairn 1963). Vielleicht sollten wir besser sagen: nach Phänomenen, und den Gedanken wagen, in der Libido den auf die Modalität der Möglichkeit gerichteten Anteil der Wahrnehmung der Phänomene zu erkennen. Ohne Libido keine Wahrnehmung von Phänomenen. Sie ist dann aber nicht mehr etwas, das sich, aus dem autonomen Inneren des Selbst kommend, sekundär auf die Phänomene richtet, sondern wird zu einem Begriff für die Grundtatsache der Kommunikation und Relation, ohne die es weder Sexualität noch Aggression noch überhaupt irgend etwas gäbe.

Wenn Bion von »thoughts without a thinker« (vgl. Bion 1970, S. 102; s. a. Bion 1997, S. 27) und davon redet, daß der Denkapparat geschaffen werde, um mit Gedanken fertigzuwerden, nicht umgekehrt (Bion 1962, S. 306), dann scheint er es mit ähnlichen Erkenntnissen zu tun zu haben. Gedanken haben keinen Ort und keine räumliche Qualität, sie gehören niemandem. Das Unbewußte kann nicht in Besitz genommen werden als persönliches Unbewußtes, das irgendwo innen enthalten ist und an die Oberfläche geholt werden kann. Unbewußt ist alles, was sich nicht, nicht mehr oder noch nicht vergegenwärtigt. Dies ist ein völlig anderer Begriff des Unbewußten als der neuropsychologische, der die unter der Bewußtseinsschwelle bleibenden Erregungs- und Abfuhrvorgänge im Zentralnervensystem bezeichnet. Die Psychoanalyse hat, vielleicht mit Ausnahme von Bion, getreu dem klassischen Paradigma Unbewußtes als unbewußtes Faktum angesehen, nicht als offene Möglichkeit, sie kennt ein Gegenwarts- und ein Vergangenheits-, aber kein Zukunfts-Unbewußtes. Deshalb sind der Unterschied wie auch die Beziehung dieser verschiedenen Begriffe des Unbewußten zueinander bisher verborgen und ungeklärt geblieben. In welchem Sinne und unter welchen Voraussetzungen ein Gedanke als »mein Gedanke« gelten kann, müßte zumindest völlig neu bestimmt werden. Dies liefe vermutlich darauf hinaus, daß ein Gedanke, ebenso wie ein Affekt (vgl. Solms 1996), mir in keinem prinzipiell anderen Sinne zukommt als etwa ein Reiz, der meine Sinnesorgane trifft, außer daß ich ihn vielleicht nicht mehr so schnell loswerde und er mir deshalb als zu mir gehörig erscheint. Wenn ein bestimmter optischer Reiz in einem bestimmten Kontext regelmäßig auftaucht, schließen wir auf das Da-Sein eines Gegenstandes an diesem Ort. Die Vorstellung des Da-Seins eines Gedanken oder eines Affekts in einem hierfür konstruierten Inneren ist hiervon ein Analogieschluß, nicht mehr.

Besonders reich an räumlichen Metaphern ist die Objektbeziehungstheorie in der Prägung Melanie Kleins, an der wir zugleich die Schwierigkeiten studieren können, die sich aus dieser Anschauungsweise ergeben. Es ist eigentümlich, daß ausgerechnet die Beschreibung der Vorgänge, die von der fehlenden, fraglichen, unvollkommenen, illusionären oder prekären Abgrenzung von Selbst und sogenannten Objekten geprägt sind, in der Psychoanalyse unter der Rubrik »Objektbeziehungstheorie« steht. In der Theorie der projektiven Identifikation etwa wird unter dem Diktat einer räumlichen Metaphorik ein kompliziertes Hin und Her von Einverleibung und Ausstoßung zur Beschreibung der Phänomene notwendig, und auch der Begriff der »inneren Objekte«, der genau genommen eine Paradoxie enthält, läßt die Schwierigkeiten spürbar werden. Roy Schafer hat dies kritisiert mit dem Hinweis, daß die traditionelle psychoanalytische Sprache die Seele in Bildern beschreibt, die der präverbalen frühkindlichen Körpererfahrung entstammen und alle Verzerrungen und Mißverständnisse derselben aufweisen (Schafer 1976).

Von dem hier entwickelten Standpunkt aus ist dem zu entgegnen: Jedes Phänomen, ob ein Tisch oder ein anderer Mensch, ist ein Aufeinandereinwirken, ein fortlaufend im Fluß befindlicher Kommunikationszusammenhang, nichts Statisches. Was wir projektive Identifikation nennen, ist nichts anderes als die mit der Phänomenalität der Phänomene unmittelbar und untrennbar gegebene kommunikative Beziehung, ohne die es keine Phänomene gäbe. Sie ist nicht als isolierte Eigenschaft oder Tätigkeit dem einen oder anderen Kommunikationspartner zuzuschreiben, sondern ereignet sich gewissermaßen zwischen ihnen, jedoch auch dies nicht im räumlichen Sinne sondern im Sinne des sich füreinander Vergegenwärtigens. Pathologisch oder unreif ist nicht diese grundlegende Beziehung sondern allenfalls eine eingeschränkte oder unentwickelte Flexibilität im Entdecken neuer Optionen. Erst sie läßt projektive Identifikation zu einem klinisch bedeutsamen Sachverhalt werden. Wie sich gleichfalls aus der phänomenalen Analyse der Zeit ergibt, wird das Spektrum dessen, was möglich ist, mit der Summe dessen, was schon verwirklicht und damit festgelegt ist, nicht enger, sondern weiter. Damit gilt: Jede gemachte Erfahrung bildet Strukturen, die den Horizont bilden für neue, differenziertere Möglichkeiten weiterer Erfahrungen. Darauf beruht auch die Wirksamkeit einer psychoanalytischen Behandlung.

V

Aus philosophischer Sicht ist der Nexus von Zeit, Wahrheit und Psyche derart eng, daß wenn sich eins dieser Konzepte ändert, auch die anderen nicht mehr bleiben können, was sie waren. Aus einer veränderten Auffassung von der Zeit folgt unmittelbar, daß neu zu bestimmen ist, was wir unter wahrer Erkenntnis verstehen und inwieweit so etwas möglich ist, und daß wir neu bestimmen müssen, wie wir an der Welt teilhaben und ob hier ein Begriff wie der der Psyche noch notwendig und angemessen ist. Ich versuche hiermit einen Abgrund anzudeuten, an dessen Rand uns schwindlig werden kann, wenn wir merken, daß das, was uns als sicherer Grund unseres Denkens und Vorwärtsschreitens vorgekommen ist, unter uns nachzugeben beginnt.

Wir könnten zunächst erschrecken, wenn es heißt, die Psychoanalyse habe gar keinen Gegenstand, und das, womit wir uns befassen, sei nur ein Konzept, das gerade im Begriff sei, aus der Geistesgeschichte wieder zu verschwinden. Aber es ist die Psychoanalyse selbst, die zu dieser Umwälzung beiträgt und in diesem Sinne bis heute Avantgarde ist. Wenn einmal die Zeitenthobenheit der Wahrheit und der sie erkennenden Psyche zur Disposition steht, können wir Psychoanalytiker darauf hinweisen, daß die Metaphysik und mit ihr die klassische Naturwissenschaft, das *Ego cogito* Descartes', der Kantsche transzendentale Subjektivismus und die Stilisierung der Psychoanalyse als Naturwissenschaft im traditionellen Sinn aus etwas entstehen, was wir klinisch kennen und beschreiben können, nämlich einem Identitätswiderstand, einem Bedürfnis nach narzißtischer Negierung unserer Vergänglichkeit, Marginalität und Fehlbarkeit, einem Bedürfnis auch nach Abwehr drohender psychotischer Verwirrung. Nicht aufgrund einsamer Spekulation, sondern aufgrund täglicher klinischer Erfahrung können wir von den Ängsten sprechen, die sich dagegen richten zu erkennen, daß das, was wir unsere Identität nennen, etwas Flüchtiges ist, eine Illusion, die uns allerdings lebensnotwendig erscheint. Angst und Widerstand, Grundbegriffe der Psychoanalyse, sind auch philosophische Kategorien. Umgekehrt sind begriffliche Grundentscheidungen des Denkens, die ganze Epochen der Weltgeschichte bestimmen, auch der psychoanalytischen Interpretation zugänglich. Wenn die Psychoanalyse dazu beiträgt, das erkennende Subjekt aufzulösen, indem sie seine Bedingtheiten beschreibt, löst sich auch die Trennung zwischen Psychoanalyse und Philosophie auf. Damit wächst der Psychoanalyse allerdings eine große Verantwortung zu. Dies haben wir jedoch nicht in der Hand. Spätestens seit Freud erkannt hat, daß Denken eine Probeform des Handelns ist (Freud 1911b, S. 233; vgl. Freud 1900a, S. 605) und die denkende Psyche somit nicht außerhalb des Kommunikationszusammenhangs der Phänomene steht, könnten wir das wissen.

Psychoanalytisch-philosophisch in diesem Sinne wäre es etwa, zu fragen, ob das Konzept von Wahrheit als Identität und *adaequatio* nicht dem Affekt entspricht, der sich einstellt, wenn Bedürfnis und Realität sich entsprechen, wenn die Brust zum rechten Moment erscheint; ob nicht das erste Vorbild einer wahren Aussage die Brust ist, die die Frage des Hungers beantwortet. Das würde aber bedeuten – und dies wäre ebenfalls nicht nur philosophisch-spekulative Erkenntnis, sondern tägliche psychoanalytisch-klinische Erfahrung –, daß Wahrheiten nicht ewig sind, sondern ihren Zeitpunkt haben wie Deutungen, die einen Moment vorher und einen Moment nachher ihr Ziel verfehlen können. Aus Bions Definition des Gedankens als eines Zusammentreffens einer Prä-Konzeption mit einer Frustration (vgl. Bion 1962) ergäbe sich allerdings, daß eine solche Wahrheit das Denken zum Erliegen bringt. Demgegenüber können wir im bescheidenen Rahmen unserer klinischen Erfahrung entdecken, was in einem umfassenden Sinn philosophische Erkenntnis ist: daß sich Wahrheit der Zeit öffnen kann, anstatt sich der Zeit zu entheben, daß sie das Denken ermöglichen und beginnen lassen kann, daß sie sich weniger in Feststellungen manifestiert als vielmehr in Dekonstruktionen, weniger in aufgewiesenen Notwendigkeiten als in eröffneten Möglichkeiten, weniger in Aussagen als in offenen Fragen.

Bibliographie

Bion, Wilfred R. (1962): The Psycho-Analytic Study of Thinking. In: Internatioal Journal of Psycho-Analysis, 43, S. 306-310.

Bion, Wilfred R. (1970): Attention and Interpretation. London: Karnac.

Bion, Wilfred R. (1997): Taming Wild Thoughts. London: Karnac.

Fairbairn, W. Ronald D. (1963): Synopsis of an Object-Relations Theory of the Personality. In: International Journal of Psycho-Analysis, 44, S. 224-225.

Freud, Sigmund (1898a): Die Sexualität in der Ätiologie der Neurosen. In: G. W., Bd. 1.

Freud, Sigmund (1900a): Die Traumdeutung. In: G. W., Bd. 2/3.

Freud, Sigmund (1901b): Zur Psychopathologie des Alltagslebens. In: G. W., Bd. 4.

Freud, Sigmund (1911b): Formulierungen über die zwei Prinzipien des psychischen Geschehens. In: G. W., Bd. 8.

Freud, Sigmund (1915c): Triebe und Triebschicksale. In: G. W., Bd. 10.

Freud, Sigmund (1915e): Das Unbewußte. In: G. W., Bd. 10.

Freud, Sigmund (1923b): Das Ich und das Es. In: G. W., Bd. 13.

Freud, Sigmund (1933a): Neue Folge der Vorlesungen zur Einführung in die Psychoanalyse. In: G. W., Bd. 15.

Lickint, Klaus Gerhard (1996): Die Analyse der Psychoanalyse. Würzburg: Königshausen und Neumann.

Mitchell, Stephen A. (1993): Aggression and the Endangered Self. In: Psychoanalytic Quarterly, 62, S. 351-382.

Picht, Georg (1985): Kants Religionsphilosophie. Stuttgart: Klett-Cotta.

Picht, Georg (1987): Aristoteles' »De Anima«. Stuttgart: Klett-Cotta.

Picht, Georg (1989): Der Begriff der Natur und seine Geschichte. Stuttgart: Klett-Cotta.

Picht, Georg (1992): Die Erkenntnis der Zukunft. In: Zukunft und Utopie. Stuttgart: Klett-Cotta.

Picht, Georg (1995): Die Fundamente der griechischen Ontologie. Stuttgart: Klett-Cotta.

Schafer, Roy (1976): A New Language for Psychoanalysis. New Haven/London: Yale University Press.

Solms, Mark (1996): Was sind Affekte? In: Psyche, 50, S. 485-522.

Winnicott, Donald (1951): Transitional Objects and Transitional Phenomena. In: International Journal of Psycho-Analysis, 41, S. 585-595.

Eva Berberich

Elektra von Michael Cocayannis

Dieser Film des griechischen Regisseurs Michael Cacoyannis ist die erste seiner drei Verfilmungen von Tragödien des attischen Dichters Euripides. Euripides war der jüngste der drei großen Tragödiendichter Griechenlands. Mit seinem Tode – Euripides starb 406 v. u. Z. – endete die kulturelle Blütezeit Athens.

Als ich vor etwa eineinhalb Jahren anlässlich einer Tagung in Griechenland zum Thema »Griechische Tragödie damals und heute« diesen Film erstmals sah, fand ich ihn so atemberaubend und schockierend zugleich, von einer solchen intensiven Kraft, Konzentration und Schönheit, daß ich beschloß, ihn vorzustellen. Zwar hat Cacoyannis in einem Interview 1988 etwas resignierend gemeint, es sei so lange her, daß er diese Filme gedreht habe (er hat drei Tragödien des Euripides verfilmt: *Elektra*, 1961, *Iphigenie in Aulis*, 1977, und *Die Troerinnen*, 1971), es komme ihm vor, als ob die Gezeiten über sie hinweggegangen seien, obwohl er glaube, daß sie nicht nur für ein elitäres Publikum eine Anziehungskraft hätten (s. McDonald & Winkler 2001, S. 83).

In dem Film wird kaum gesprochen; vielmehr wird der Text des Dramas überwiegend visualisiert, unterstrichen durch die packende Lautgebung und Musik von Theodorakis, der es versteht, eine Atmosphäre von Verzweiflung und Schmerz hervorzurufen.

Zunächst sei der Inhalt des Filmes kurz nachgezeichnet.

Die Eröffnungsszene – aufgenommen in den Ruinen von Mykene, im Bühnentext Euripides' jedoch nicht enthalten – zeigt den triumphal aus Troja heimkehrenden Agamemnon, der von seiner Frau Klytaimestra, seiner adoleszenten Tochter Elektra und seinem kleinen Sohn Orest erwartet wird. Es sei in Erinnerung gerufen, daß der so genannte Trojanische Krieg ein mythologischer Krieg ist, der zum Spiegel jenes großen Krieges zu Lebenszeiten des Euripides, dem Peloponnesischen Krieg zwischen Athen und Sparta (431 bis 404) geworden war. Der heimgekehrte Agamemnon, Herrscher von Mykene und einer der siegreichen Heerführer vor Troja, überreicht seinem noch zarten Sohn das Schwert, mit dem er in Troja den Sieg erfochten hat. Anschließend wird er von seiner Frau und deren Liebhaber Ägisthos heimtückisch im Bad ermordet. Der mörderische Hass Klytaimestras gegen ihren Gatten rührte nicht nur daher, daß sie ihn nicht mehr liebt, sondern ist laut Mythos entstanden, weil Agamemnon vor dem Krieg auf Geheiß der Göttin Artemis ihre gemeinsame Tochter Iphigenie geopfert hat, um Wind zum Auslaufen der Boote gewährt zu bekommen. Nach dem Mord an ihrem von ihr so sehr geliebten Vater, den der Zuschauer in ihren Augen widergespiegelt erfaßt, sorgt Elektra dafür, daß der kleine Bruder Orest als potentieller Thronerbe und Rächer der

Psychoanalyse im Widerspruch, 17. Jahrgang, 2005, Heft 33, S. 117-124.

Bluttat von einem Lehrer außer Reichweite gebracht wird. Als sie selbst im heiratsfähigen Alter umworben wird von den Edlen des Landes, wird sie schnell an einen armen Bauern verheiratet und damit zugleich von der Mutter vom Königshofe vertrieben, nachdem sie bis dahin gedemütigt am Hofe gelebt und massiven Kränkungen durch die Mutter und deren Geliebten ausgesetzt war. Das Mörderpaar hatte befürchtet, daß entweder Orest oder Nachkommen Elektras, wenn sie aus edlem Geschlecht wären, den Mord rächen könnten. Arm auf dem Lande verbannt ist Elektra nur erfüllt von dem Gedanken an die Trauer um den Vater, vom Hass auf die Mutter und von dem Gedanken an Rache und damit vom Warten auf die erhoffte Rückkehr des inzwischen erwachsenen Bruders Orest, der die Bluttat rächen soll. Sie weiß aber noch nicht einmal ob dieser Bruder noch lebt.

»Mein Ziel war es«, sagt Cacoyannis, »Filme zu drehen über die dramatische Dimension, die den Mythen durch große Dichter verliehen werden [...] es geht mir um die zeitlose Kraft [...] griechische Stücke sind wie ein Spiegel (ähnlich wie bei Shakespeare), in denen man das ganze Leben abgebildet findet« (zitiert nach McDonald & Winkler a. a. O., S. 83). »Ich möchte nicht lediglich die Augen der Zuschauer verwirren oder überraschen. Ich möchte ihre Herzen erreichen, sie anrühren – schockieren und ergreifen. Auf diese Weise erreiche ich eine Art kathartischer Erfahrung« (ebd. S. 81; Übersetzungen der Verfasserin).

Als ich mir Gedanken zu machen begann, was ich aus psychoanalytischer Sicht zu diesem Film sagen könnte – einem Film, von dem ich zunächst nicht als Analytikerin, sondern einfach als miterlebende Zuschauerin gepackt und ergriffen war –, mußte ich zu meiner Überraschung feststellen, daß ich kein angemessenes Konzept für den Muttermord durch die eigene Tochter finden konnte, wohl aber durch den Sohn. Nun hat zwar auch hier die eigentliche Tat Orest begangen, aber er hätte es nicht getan ohne den entscheidenden Antrieb seiner Schwester Elektra. Es ist interessant, daß auch Sophokles seine Darstellung dieses Dramas nicht *Orest* genannt hat, sondern *Elektra*, und damit dieser Tatsache Rechnung trug, nämlich daß nicht Orest der Schuldige war (er war nur der mythologische Täter) sondern seine Schwester, die sich ja selbst auch als die Schuldige bekennt. »Weine, weine! O mein Bruder! Schuld bin ich [später heißt es: »weil ich nur Hass gepredigt habe«]. Feuerschnaubend tat ich solches meiner Mutter, deren Schoß mich gebar [...] Ich trieb dich noch an, o mein Bruder, faßt es mit an, das Schwert« (Euripides 1972, S. 369).

Die inneren Akzente sind vom Bruder auf die Schwester verlagert, von Anfang an ist Elektra zur Mittäterschaft am Muttermord bereit, sie ist der planende Kopf, die letztlich ausführende Hand beim blutigen Werk. Es sind die Hände der hassenden Elektra, die sich zwar dem zaudernden Bruder gegenüber auf göttliche Auftraggeber beruft, im Grunde damit jedoch nur ihre eigene Dämonie verschleiert, mit anderen Worten der göttliche Auftrag wird vom zweifelnden Herzen (Orest) abgelehnt und vom hassenden als Deckmantel benutzt. Elektra geht damit zerstörerisch gegen sich selbst vor und bleibt mit verzehrendem Schuldbewußtsein zurück. Das sich eben erst wiedergefunden habendende Geschwisterpaar geht gebrochen und zerrüttet wieder auseinander.

Das *Webster International Dictionary* sagt: »Ein Parricida, d. h. einer, der einen Verwandtenmord begeht, ist einer, der eine Person ermordet, zu der er in einer besonders geheiligten Beziehung steht, etwa Vater, Mutter oder einen anderen nahen Verwandten oder (im weiteren Sinne) einen Herrscher [...]« (s. Loewald 1986, S. 380), also ein Verbrechen gegen die Heiligkeit der Bindung an die Eltern.

Wie erwähnt, fand ich weder bei Freud noch auch sonst in der analytischen Literatur Gedanken zum Thema Muttermord durch die Hand der Tochter. Elektra hatte eine besonders intensive Bindung an ihren Vater. Einer starken Vaterbindung bei der Frau, so liest man bei Freud, geht eine Phase ausschließlicher Mutterbindung gleicher Intensität und Leidenschaftlichkeit voraus. Diese Bindung kann aus vielerlei Gründen, durch Verletzungen und Enttäuschungen in Hass übergehen. Nach dem Mord wird die Mutter von Elektra mit den Worten: »Wohlan, die Geliebte, Gehaßte, hüllen wir ein im Tuch« zugedeckt (Euripides 1972, S. 373).

Die Bezeichnung der Mutter als Geliebte aus dem Munde Elektras hören wir hier zum ersten und einzigen Mal.

Im Gegensatz zu dieser destruktiven Tat, die die Zukunft ausschließt und im Hinblick auf einen eigenen Lebensentwurf und Übernahme der Verantwortung dafür, hält der philosophisch orientierte Psychoanalytiker Loewald einen Elternmord in der Phantasie, d. h. in der psychischen Realität für unabdingbar. Durch Übernahme der Macht und Kompetenz der Eltern werden sie als libidinöse Objekte verstoßen und zerstört in bezug auf einige Eigenschaften, die bisher lebensnotwendig waren (Loewald 1986, S. 377 ff.).

Ich möchte etwas anderes aufgreifen und zu meinem Schwerpunkt machen, angeregt durch die Inszenierung des Regisseurs Cacoyannis. Es ist ein Detail – unscheinbar angesichts der Unfaßbarkeit des Muttermordes. Mir war bei der wiederholten Betrachtung des Films aufgefallen, daß nicht nur Orest, sondern auch Elektra, die zuvor fast wie eine Furie ihren Bruder angetrieben hatte und die Mutter durch eine List aus dem Palast gelockt hatte, im entscheidenden Moment vor der Tat zögerte, und zwar länger als im Textbuch des Euripides vorgesehen. Mehrfach versucht sie auf einmal, fast ängstlich, die Mutter vor dem Eintreten in die Hütte, wo der Mörder ihr auflauert, abzuhalten. Mir scheint, in diesem Zögern ist das Gewahrwerden eines Konflikts festgehalten, eines Konflikts, der die Suche des modernen Menschen nach Freiheit illustriert. »Freiheit ist jene kleine Bewegung,« sagt Sartre, »die aus einem völlig bedingten Wesen einen Menschen macht, der nicht in allem das darstellt, was von seinem Bedingtsein herrührt« (zitiert nach Wingert 2004). Indem Cacoyannis dieses kleine Mehr an Zögern in seiner Inszenierung unterstreicht, überlappen sich hier m. E. verschiedene Geistesrichtungen europäischen Denkens:

Zum einen eine Prägung durch die griechische Mythologie und die mythologischen Charaktere, wie sie sich in den Tragödien darstellen, die in einer Atmosphäre der Zeitlosigkeit Themen und Probleme widerspiegeln, so als ob sie in unserer Zeit lebten. Die drei griechischen Tragiker – Aischylos, Sophokles und Euripides – haben den Elektra-Stoff bearbeitet. Es ist bezeichnend, daß Cacoyannis die Version des Euripides gewählt hat, des modernsten und tragischsten unter den Tragödiendichtern. Tragisch deshalb, weil seine Tragödien dem Endziel am meisten entsprechen, nämlich Furcht und Mitleid zu erregen. Modern deswegen, weil seine Charaktere vielschichtiger und gebrochener sind. Sie sehen in ihrem Leiden keine höhere Bedeutung mehr, sondern nur Sinnlosigkeit. Sie sind nicht den Launen eines Gottes ausgeliefert, sondern die Verantwortung ist in die Hände der Menschen übergegangen. Der Spruch der Götter, der bei Aischylos und Sophokles noch eine große Rolle gespielt hatte, wird bei Euripides nurmehr benutzt als Entschuldigung für das Vergehen der eigentlich selbstverantwortlichen Menschen. Das Schicksal, das menschliche Verantwortung einschließt, ist ein stets wiederkehrendes Thema bei Euripides, der aber auch in aller Demut anerkennt, daß menschliches Wissen, was immer es auch hervorzubringen vermag, niemals die überlegene Macht ausloten kann, die unsere Bestimmung sterben zu müssen anordnet.

Die andere Geistesrichtung, die ich meine, verankert im neuzeitlichen Denken und heraufbeschworen durch die Renaissance, ist die Möglichkeit, dem Menschen als Individuum einen Freiraum der Entscheidung zu sichern, gipfelnd in der modernen Philosophie und in der Psychoanalyse, die eine letzte Bastion im Bemühen um die Freiheit des jeweils Einzelnen als Individuum zu sein scheint. M. E. beschwört die Inszenierung diesen minimalen Freiraum geradezu herauf, nämlich im Augenblick des Zauderns von Elektra, in welchem sie noch die Möglichkeit gehabt hätte, auch anders zu entscheiden. Ein Grund sich anders zu entscheiden wäre ihre Liebe zur Mutter gewesen. Dieser Möglichkeit steht ihr Hass gegenüber. Die Enttäuschung an der Mutter und die abrupte Entidealisierung der Mutter haben das gute innere Objekt zerstört. Das Fortbestehen der inneren Repräsentanz der Mutter wird nur noch durch den Hass gewährleistet.

In der Ausgabe der *Frankfurter Allgemeinen Zeitung* vom 8. Januar 2004 war unter den Titel *Keiner kann anders, als er ist* der Essay des Hirnforschers Wolf Singer abgedruckt. Der Untertitel lautete: »Verschaltungen legen uns fest: wir sollten aufhören von Freiheit zu reden«. Entsprechend dem Résumé verabschiedet der Autor den »Ballast von Scheinproblemen, den die Geisteswissenschaften durch die Geschichte schleppen.« Gegenüber der weit verbreiteten Illusion von Freiheit und Verantwortung hält Singer fest: »All unser Denken und Tun ist mit dem Ablauf neuronaler Prozesse zu klären [...].« Mit diesem Zitat möchte ich die Aktualität des Themas von der Suche nach der Freiheit der Entscheidung unterstreichen, mit der wir in der Psychoanalyse ständig beschäftigt sind. Der Festlegung durch die Götter folgt drohend die Festlegung durch die neuronale Verkettung, wenn wir diesem Forscher Glauben schenken wollen.

An dieser Stelle springe ich zurück in die Zeit, bevor der Film gedreht wurde. Wie ganz anders hat der englische Kliniker und innovative Beobachter und Denker Winnicott sich dem Thema des Entscheidungsfreiraumes genähert. Von der Thematik des Muttermordes allerdings ist das, was ich kurz streife, weit entfernt. In der Arbeit aus dem Jahre 1941, *The Observation of Infants in a Set Situation*, beschrieb Winnicott folgende Versuchsanordnung: Zwischen ihm und dem auf dem Schoße der Mutter sitzenden Baby liegt ein metallisch glänzender Spatel, der die Neugier des Babies geweckt hat. Bevor es zugreift, verharrt es, zögert, es ist in der Klemme, sagt Winnicott, und es dauert eine Weile, bis es sich entschließt, nach dem interessanten glänzenden Ding zu greifen. Dieses Zögern, »the moment of hesitation«, ein Moment der Impulskontrolle, ist der Hinweis auf einen aufkommenden inneren Konflikt, der von der Frage beherrscht wird, ob es, gibt es dem Impuls nach und greift nach dem Gegenstand seines Interesses, mit einem der beiden Erwachsenen Schwierigkeiten bekommt. Der Konflikt kommt in den zwischen den beiden, Mutter und Winnicott, fragend hin und her schweifenden Blick zum Ausdruck. Kontrolliert das Kind seinen Impuls und paßt sich den von ihm vermuteten Forderungen an oder steht es zu seinem Wunsch (Winnicott 1977, S. 52)?

Im Film nun delegiert Elektra eigentlich die Freiheit der Entscheidung an ihre Mutter, indem sie sie zögernd fragt: »Willst du da wirklich hineingehen?«, woraufhin die Mutter ihrerseits kurz innehält.

Der Chor, dargestellt durch die Gruppe der schwarzverhüllten Frauengestalten, begleitet die innere Reise Elektras, reagiert mit ihr, steht im Dialog mit ihr, wirkt wie eine Externalisierung des inneren Dialogs Elektras zwischen dem Für und Wider der Tat.

Die Inszenierung ist überwiegend vom Visuellen her konzipiert, es wird wenig gesprochen, die immer anwesende Musik von Theodorakis untermalt die gefrorene Atmosphäre von Trauer, Verzweiflung und Entsetzen. Ein murmelndes Dauergeräusch, wie von einer Quelle herrührend, drückt während des ganzen Films so etwas wie den Fluß der Zeit aus, bricht ab, nachdem die Wahnsinnstat ausgeführt ist. Es gibt aber auch Augenblicke der Stille, gefolgt von Passagen frenetischer Heftigkeit und Gewalt. Die karge, trostlose Landschaft von Argos (fast wie eine Mondlandschaft) in einer monoton grauen Farbgebung – selbst das Sonnenlicht ist fahl – wird als Hintergrundbühne benutzt, vor der sich die Ereignisse entfalten. In diese kalte, unfruchtbare, felsige Landschaft wird der Chor der asketisch-schmucklos gekleideten Frauen in geometrischer Anordnung und fast wie Felsensteine und zeitlos wirkend aufgestellt.

Der Film ist nicht überladen von antiken Kostüme oder befrachtet mit Aufmerksamkeit heischender poetischer Diktion, sondern lebt ganz aus den Bildern. Bedrohlichkeit und Düsternis werden verstärkt durch die starken Hell-Dunkel-Kontraste des Schwarzweißfilms, dem kargen Setting und den undenkbaren Konsequenzen seines Inhaltes. Zahlreiche Nahaufnahmen von dem Geschwisterpaar beeindrucken, insbesondere von dem fast hermetisch-verschlossenen düsteren Gesicht von Irene Papas, die die Elektra spielt, deren ausdrucksvolle Augen den Wunsch nach Rache um jeden Preis ausdrücken, aber auch das Leiden an der unauslöschbaren Schuld. Überhaupt ist das Auge für Cacoyannis das entscheidende Vehikel, um Leiden, Mitleid, Liebe, Hass, Entsetzen, Niederlage und letztlich den Tod dem Zuschauer zu vermitteln. »Die Augen sind für ihn buchstäblich die Fenster der Seele, mittels derer die alten Griechen ihre Vorstellung vom Selbst ausdrückten« (McDonald & Winkler 2001, S. 95).

Der Akt der grauenvollen Tat wird unterstrichen durch ein unmittelbar danach einsetzendes Sichaufbäumen der Natur; Schreie, die Erde dreht sich, die draußen wartenden Gestalten stürzen zu Boden, und die Pferde laufen erschreckt davon wie wenn ein Erdbeben bevorstünde. Ich fühlte mich auch erinnert an die Beschreibung der Bibel von den Geschehnissen um den Tod Jesu (Evangelium nach Matthäus: »Und siehe, der Vorhang des Tempels riß von oben bis unten in zwei Stücke; die Erde bebte und die Felsen spalteten sich«). Und dann diese Stille bis der Chor der Frauen einsetzt: »Da kommen die beiden zur Türe heraus, bespritzt mit der Mutter vergossenem Blut« (Euripides 1972, S. 369).

Noch in der Hütte jedoch – hier weicht Cacoyannis von Euripides ab – beginnt Orest in allen Einzelheiten zu beschreiben, wie die Mutter um ihr Leben bat. »Ihr Kinder, bei Gott, schlagt die Mutter nicht tot!« (Euripides 1972, S. 367), so hatte diese kurz nach Betreten der armseligen Hütte gerufen. Orest, an seine Schwester gewandt, spricht: »Sahst du die Ärmste, wie sie das Kleid aufriß mit der Hand? Zeigte die Brust, unterm Mordstrahl, weh mir am Boden kniend die Mutter! Es schnitt mir durchs Herz.« Erst dann treten er und die Schwester langsam aus der Hütte heraus. Sie überschreiten, so könnte man interpretieren, die Schwelle, die Innerseelisches von der äußeren Realität scheidet, denn die Hütte mag ein Bild sein für das Innere. Ich vermute, daß Cacoyannis, der hier stark von Euripides abweicht, etwas Entsprechendes im Sinn hatte. Wir, die Zuschauer, die wir von dem Geschehen unmittelbar angesprochen sind, bleiben gepackt von Furcht, Entsetzen und Mitleid zurück, ähnlich wie die außerhalb der Hütte wartende Landbevölkerung, die, nachdem das Entsetzen der Empörung gewichen, die Hütte mit Steinen bombardiert hatte.

Man könnte sich noch zu manchen weiteren Punkten Gedanken machen, so z. B. zur Bedeutung der Hände. Der Film begann mit einer Großaufnahme der ringgeschmückten Hand Klytaimestras auf dem Felsen, die mordende frevelhafte

Hand, die Hand der Tat. Das Auge der Kamera wendet sich am Ende wieder dieser Hand, der Hand der getöteten Klytaimestra zu.

Ich möchte mit einem Satz von Hans-Georg Gadamer schließen, der sich beinahe wie ein Résumé des Films anhört: »Philosophie ist im griechischen Aufbruch denkendes Gewahrwerden der ungeheuren Ausgesetztheit des Menschen in das DA, in die schmale Sparte von Freiheitsraum, die das geordnete Ganze des Naturlaufes dem menschlichen Wollen und Können läßt« (zitiert nach Klüser 1996, S. 46).

Bibliographie

Euripides (1972): Elektra. In: ders.: Sämtliche Tragödien und Fragmente, Griechisch – Deutsch, Band III. München: Heimeran Verlag.

Freud, Sigmund (1933a [1932]): Die Weiblichkeit. In: Neue Folge der Vorlesungen zur Einführung in die Psychoanalyse. In: G. W., Bd. 15.

Gadamer, Hans-Georg (1996): Die griechische Philosophie und das moderne Denken. In: Klüser, Bernd (Hg.). Die Moderne und die Grenzen der Vergegenständlichung. München: Edition Bernd Klüver, S. 45-55.

Loewald, Hans W. (1986): Das Dahinschwinden des Ödipuskomplexes. In: ders: Psychoanalyse, Aufsätze aus den Jahren 1951-1979. Stuttgart: Klett-Cotta, S. 377-400.

MacDonald, Marianne & Winkler, Martin M. (2001): Michael Cacoyannis and Irene Papas on Greek Tragedy. In: Winkler, Martin M.: Classical Myth & Culture in the Cinema. Oxford: Oxford University Press.

Wingert, Lutz (2004): Mein Ärger verraucht. Wie weit führt das Ticket der Hirnforscher? Frankfurter Allgemeine Zeitung vom 15. Januar 2004.

Singer, Wolf (2004): Keiner kann anders, als er ist. Verschaltungen legen uns fest: Wir sollten aufhören von Freiheit zu reden. Frankfurter Allgemeine Zeitung vom 8. Januar 2004.

Winkler Martin M. (2001): Classical Myth & Culture in the Cinema. Oxford: Oxford University Press.

Winnicott, Donald, W. (1977 [1941]): The Observation of Infants in a Set Situation. In: Through Paediatrics to Psychoanalysis. London: The Hogarth Press.

Zimmermann, Bernhard (2000): Europa und die griechische Tragödie. Frankfurt am Main: Fischer Taschenbuch Verlag.

Annette Geiser-Elze, Anja Guck-Nigrelli, Parfen Laszig und Susanne Loetz

Leolo
»Weil ich träume, bin ich nicht...« Tagebuch- und Traumtexte eines pubertierenden Jungen[1]

Der Spielfilm *Leolo* des franko-kanadischen Regisseurs Jean-Claude Lauzon schildert die Eindrücke und Erfahrungen eines in einem Montrealer Armenviertel aufwachsenden Jungen zu Beginn seiner Pubertät.[2] Ein konsequenter Handlungsstrang ist schwer auszumachen, auch folgen die einzelnen Episoden keinem chronologischen Ablauf. Vielmehr entwickeln sie sich entlang einer inneren Logik der Auseinandersetzung Leolos mit seiner Familie. So werden wir der Reihe nach mit den einzelnen Protagonisten bekannt gemacht- der Vater, die Mutter, der alte Mann bzw. Clochard/»Dompteur der Verse«, die Schwestern, der Bruder, der Großvater und Bianca, das Nachbarsmädchen. Seine Familie beschreibt Leolo wie folgt: »So lange, wie ich mich erinnern kann, sind es die Gerüche und die Lichter, die meine ersten Erinnerungen geprägt haben. Meine Familie war wie die Personen eines Romans und ich sprach zu ihnen wie zu Fremden. Meine Mutter hatte die Kraft eines großen Schiffes, das auf einem kranken Ozean segelte. Sie war heiß und verliebt. Ich mochte es, wenn sie mich an ihren fetten Körper drückte, der Geruch ihres Schweißes beruhigte mich. Mein Vater war davon überzeugt, daß die Erhaltung der Gesundheit vom Scheißen abhing. Jeden Freitag mußten wir eine Schockbehandlung mit Abführmitteln über uns ergehen lassen, um uns aller Krankheiten der Welt zu entledigen. Es gab auch meine Schwestern Rita und Nanette und Fernand, meinen Bruder, den ich wegen seiner unschuldigen Unwissenheit mochte.« Die Enge der strengen familiären Regeln, die keinen eigenen Raum gewähren, und die Beziehungslosigkeit unter den Familienmitgliedern treiben Leolo dazu, in seiner

---

[1] Es handelt sich um die leicht geänderte Fassung eines Vortrags vom 19. März 2001 im Cinema Quadrat, Mannheim, und vom 25. Juli 2002 im Gloria-Kino, Heidelberg, anläßlich der Vorführungen von *Leolo* in der Reihe »PsychoanalytikerInnen stellen Filme vor«. Die Interpretation entstand im Rahmen eines Seminars unter Leitung von Renate Kremer zum Thema »Psychoanalyse und Film«.

[2] Titel: *Léolo*, Kanada, Frankreich: 1992, Kinopremiere in Deutschland: 28. Januar 1993. Laufzeit Kino: 107 Minuten. Darsteller: Gilbert Sicotte (Erzähler), Maxime Collin (Leolo), Julien Guiomar (Großvater), Ginette Reno (Mutter), Yves Montmatquette (Vater Fernand), Giuditta del Vecchio (Bianca), Pierre Bourgault (Dompteur der Verse), Andrée Lachapelle, Denys Arcand, Roland Blouin, Geneviève Samson, Marie-Hélène Montpetit.

Vgl. auch http://www.cyberkino.de/entertainment/kino/100/100042.html

Psychoanalyse im Widerspruch, 17. Jahrgang, 2005, Heft 33, S. 125-131.

Fantasie zu leben und diese zu Papier zu bringen. So gibt er sich auch einen neuen Namen: aus Leo Lauzon wird Leolo Losone.

Als wir den Film *Leolo* zum ersten Mal sahen, waren wir von der Fülle der ständig wechselnden Bilder und Zeitsprünge wie erschlagen. Trotz der immer wieder witzigen, überraschenden, teilweise auch grotesken Passagen geht der Film von Anfang an mit einem Unwohlsein des Zuschauers einher, das sich im Verlauf des Films immer mehr Raum verschafft und schließlich in einem Moment eisigen Schreckens gipfelt. Der Film endet mit einem Gefühl des Verstörtseins, des »Nocheinmal-davon-Gekommenseins«, wenn auch die Erleichterung auf höchst wackeligen Beinen einher kommt. Schwierig war, sich auf einen gemeinsamen Aspekt dieses sehr vielschichtigen Filmes festzulegen. Wir entschlossen uns, die Identitätssuche des pubertierenden Jungen in den Vordergrund zu stellen.

Die einzelnen Szenen des Films entwickeln sich im Wechsel zwischen Traum und Realität – wir sehen etwas, und es macht uns neugierig, aber es ist auch schlimm, beängstigend und oft abstoßend, aber eben vielleicht doch nicht, vielleicht ist es ja nur eine Phantasie des Protagonisten, denn es ist doch nur das, was Leolo schreibt, oder der alte Mann liest. So wie auch immer wieder Passagen vorkommen, in denen es länger schwarz ist, wie beim nächtlichen Erwachen, wenn man erleichtert merkt, daß es nur ein Traum war. »Ich träume, also bin ich nicht verrückt.« Unangenehm bleibt, daß die nachfolgenden Szenen oft bestätigen, daß es eben doch kein Traum war bzw. daß die Geschichte unaufhaltsam ihren Lauf nimmt. Umgekehrt scheint es sich in Szenen, in denen weißes Licht einfällt, mit Sicherheit um einen Traum zu handeln, nämlich den von Sizilien, von Bianca, übersetzt die Weiße, Unbefleckte. Mit diesem Traum versucht Leolo, der für ihn schlimmen Realität zu entkommen, aber auch hier stellt sich im Laufe des Films Unwohlsein ein, da die weiße Traumwelt zunehmend reale Züge annimmt, so daß die Grenzen zwischen Realität und Traum immer brüchiger werden. So arbeitet der Film auch mit typischen Traumelementen wie Wunscherfüllung, Verdichtung, Verdrängung und Gleichzeitigkeit. Diese Elemente bilden sich in der Art der Szenenfolge und den verschiedenen kommentierenden Stimmen ab und kommen auch in der ganz unterschiedlichen, teilweise vertraut, aber auch fremd bis beängstigend klingenden Musik (man denke nur an die tibetanischen Mönchsgesänge) zum Ausdruck, wodurch es insgesamt schwer ist, einen roten Faden auszumachen.

Der Film zeichnet das Bild einer Familie, in der emotionale Zuwendung fast ausschließlich über Essen und Scheißen erfolgt. Der Einzelne bleibt sich selbst überlassen und seinen Ängsten ausgeliefert, es gibt kaum Rückzug und Intimität. Eine Förderung, eine Entwicklung und damit ein Entrinnen aus diesen Strukturen scheint nicht möglich, allerdings auch wenig erstrebenswert: denn die erwachsene Außenwelt wirkt dreckig, häßlich, verkommen und zerstört, erntet Leolos ganze Verachtung. Anstatt den Kampf aufzunehmen, zieht er sich narzißtisch zurück und sucht auf der Schwelle zur Welt der Erwachsenen, insbesondere auf der Schwelle zu einer reifen Sexualität, Zuflucht beim Schreiben und Lesen, im Reich der Fantasie. In seinem einzigen Buch, das der Clochard, eine der wenigen bedeutenden Personen außerhalb des Familiensystems, in die Familie einbringt, findet Leolo ein Spiegelbild seiner abgehobenen Einsamkeit. Sein Titel, *L'avalée des avalés*, heißt übersetzt: die Verschluckte des Verschluckten – eine Sackgasse also. Denn auch mit dem eigenen Schreiben schafft Leolo auf dem Weg der Sublimation zwar ein Werk, doch finden seine zu Blatt gebrachten Träume und Fantasien kein Gegenüber, an das er sie binden kann.

Gleich zu Beginn des Films erfahren wir warum:

Leolo weigert sich, seine Abstammung von einem dreckigen, feisten, frankokanadischen Vater anzuerkennen, der in einer düsteren Welt stampfender bedrohlicher Maschinen seine Arbeit verrichtet, von dem es heißt, er sei verrückt. Statt dessen erträumt er sich einen nicht identifizierbaren sizilianischen Vater in freier einladender Natur. Dessen Interesse an Frauen besteht darin, sich an ihrer Schönheit zu erfreuen, ohne dabei in körperlichen Kontakt mit ihnen zu treten. (Wir sehen eine vornüber gebeugte sizilianische Bäuerin bei der Tomatenernte. Hinter den gefüllten Gemüsesteigen versteckt beobachtet sie ein Erntearbeiter und onaniert dabei in die für Amerika bestimmte Ernte). Wir haben in dieser Szene die Schaulust, die Zeigelust und die perverse Befriedigung als Ausdruck einer noch nicht integrierten Sexualität.

Beim Anblick der Tomaten erahnen wir rasch, was Leolo beschäftigt: die Frage, wie Kinder entstehen, was eigentlich zwischen Mann und Frau passiert und gleichzeitig auch der Wunsch, keinen Vaterkonkurrenten neben sich zu haben, Mutters einziger Liebling zu sein.

Wie seine frühen Vorstellungen von Sexualität aussehen, zeigt sich in der Art, wie die Kamera (in der folgenden Szene) in Leolos früheste Erinnerung eintaucht – im warmen, mit orange-gelb flackernden Kerzen ausgeleuchteten Bad sitzt Leolo als Kleinkind auf dem Topf – ihm gegenüber die mächtige Mutter auf der Toilette. Sehr eindringlich ist die Stimmung dieser Szene. Vorherrschend ist die Angst, aber auch Ekel, Verwirrung und schließlich Neugier sind spürbar. Die Mutter will etwas von Leolo, was eigentlich Vaters Sache ist, das Scheißen, das in der Familie – wie ein Einschub zeigt – nach dem Empfang der Abführtablette wie ein religiöses Ritual vollzogen wird. Leolo verweigert sich als einziger. Ob dieses Geschäft auch zwischen Mutter und Vater stattfindet, bleibt offen. Zumindest richtet sich Leolos Interesse darauf - das zeigt die Kamerafahrt zwischen die geöffneten Schenkel der Mutter, die mit einem mächtigen Standbild an der Klosäule endet. Angesichts der beobachteten Größenunterschiede kommt der Wunsch auf, von einer starken väterlichen Figur beschützt zu werden; der Dompteur der Verse wird eingeführt. (Er tritt auf als Clochard, der bei seiner tagtäglichen Suche nach Zeugnissen menschlicher Lebensschicksale in den Papierkörben der Stadt die Aufzeichnungen des Jungen entdeckt und von deren melancholischer Poesie begeistert ist.) Mit ihm fühlt sich Leolo verbunden, erkennt aber gleichzeitig, daß der Alte nur die Reinkarnation von Don Quichotte ist – so wird es also nicht funktionieren. Er bietet keine Alternative zum Vater, ist zu schwach, das fehlende männliche Vorbild zu ersetzen. Zumindest greift Leolo aber dessen Rat auf: »Du sollst träumen.« An dieser Stelle tritt erstmals das weiße Licht auf, so hell, daß man die Augen schließen mag – und zwar vor der Realität.

Denn zurück in der Außenwelt erlebt Leolo, wie sein älterer Bruder Fernand brutal zusammengeschlagen wird. Dieser hat seine ganz eigene Art, mit der Angst umzugehen: durch eisernes Training bläst er sich zu einem asexuellen Muskelpaket auf, findet darin auch ganz das Gefallen der Eltern. Daß die Aggression aber auch innerhalb der Familie vorhanden ist, zeigt die nächste Szene: der Versuch des Großvaters, den arglos herumspritzenden Enkel in einem Planschbecken zu ertränken. Der Brutalität des Angriffs steht eine Szene von großer Schönheit gegenüber (Leolo taucht -weiß gekleidet- nach einem Goldschatz in die Tiefe). Damit wird verdeutlicht, daß Leolo seine Angst leugnet. »Ich erinnere mich daran, daß ich keine Angst hatte und einen schönen Schatz sah, vielleicht weil ich schon tot war.« (Gerettet wird er in letzter Sekunde von seiner Mutter, die dem Großvater mit der Pfanne »eins überbrät«.) Auch lehnt er – beim anschließenden Besuch des Großvaters in der Psychiatrie, der einem Bewerbungsgespräch für diese Anstalt gleicht – strikt die Zugehörigkeit zu dieser verrückten Familie ab.

Aus der unmittelbaren Nachbarschaft der Familie gewinnt für ihn Bianca an Bedeutung, eine Sizilianerin, die ihn an seine phantasierten Ursprünge erinnert. Leolo richtet schließlich seine sexuelle Neugier auf das frühreife Mädchen, das dem Großvater zu Diensten ist. Er beobachtet sie im Badezimmer durch das Schlüsselloch, fühlt sich von ihr angezogen und betört. Der Wunsch, den Großvater aus dem Weg zu räumen, deutet sich bereits hier an. Denn auch als Zuschauer ist man zunächst im Glauben, Bianca sei allein im Raum. Erst beim erneuten Hinsehen wird klar, daß der Großvater mit von der Partie ist, eine Tatsache, die Leolo nicht akzeptieren will. Seine Ursprungsfantasie, Vater und Mutter sollen kein Paar sein, ist nun auf das Paar Großvater-Bianca verschoben. Der Alte muß beseitigt werden, also das klassische Ödipus-Thema.

In Leolo erwachen sexuelle Gefühle. Am Ort seiner Prägung, im Badezimmer, das zumindest phasenweise eine gewisse Intimität garantiert, findet er zum Onanieren. Seine Lust entzündet sich an reinen weißen Frauenkörpern. Die für den großen Bruder gekauften rohen Leberscheiben dienen ihm als fantasierte Vagina für seine Selbstbefriedigungsversuche. Was aber genau zwischen Mann und Frau passiert, ist in Leolos Vorstellung weiterhin unklar. So muß er erst die Scheibe an der Badezimmerdecke frei wischen, um klar zu sehen, was der Großvater erneut mit Bianca tut. Auch in dieser Szene herrscht eine Mischung aus Ekel und erregter Neugier vor. Mit der Taucherbrille schützt sich Leolo vor dem »Erkanntwerden«, aber auch vor dem klaren Einblick in die Realität. Dennoch dringt diese unweigerlich zu ihm durch – Bianca und der Großvater haben etwas miteinander. Angesichts dieser Erkenntnis entwickelt er heftige Gefühle. Die Fantasie bietet nun keine Ausflucht mehr. Leolo schwankt zwischen dem Hass gegen Bianca und dem Wunsch, den Großvater zu töten. Schließlich sehen wir ihn schreibend in der Badewanne sitzen, einen Strick um den eigenen Hals gelegt. Auch wenn sofort klar ist, daß der Strick für den Großvater bestimmt ist, ahnen wir, daß Leolo am eigenen Ende bastelt. Denn die Außenwelt nimmt für ihn zunehmend unerträgliche Züge an. Nach dem einzigen kurzzeitig aufblitzenden Moment einer glücklichen Beziehung anläßlich des gemeinsamen Fahrradfahrens wird Fernand trotz 100 kg Muskeln zusammengeschlagen, so daß Leolos Hoffnung, es möge einen Schutz gegen die Angst geben, definitiv zerschlagen wird.

Mit dem Mordversuch am Großvater will Leolo den vermeintlichen Verursacher der Verrücktheit, den Vater allen Übels ausrotten, gleichzeitig ist er ein letzter Versuch, das ursprüngliche Fantasiegebäude von der Reinheit Biancas wieder herzustellen. (Mit Hilfe eines Flaschenzugs versucht er den Großvater in der Badewanne zu erhängen.) Doch Leolo scheitert. Der »Vatermord« schreit nach Sühne. Zum ersten Mal begibt er sich durch das »weiße Licht« seiner Schranktüre nach Sizilien. Seine Gefühle sind außer Kontrolle geraten. Er verzweifelt an der Welt, richtet seinen Hass auf den Vater, dann auf sich selbst. Leolo sieht ein, dieser Familie unentrinnbar anzugehören, besucht nun auch unter seinem richtigen Namen seine Schwester Rita in der Psychiatrie, wo er Kontakt zu der familiären Verrücktheit aufnimmt. Der Fund eines fehlenden Schallplattenstücks deutet uns das fatale Ende an: denn nicht der auf dem Plattencover abgebildete Jacques Brel ist zu hören, sondern es sind die Stones mit ihrem Song »You can't always get what you want«. Dies ist Übergang zur Sodomieszene. Im Kreis der präadoleszenten rauchenden, Alkohol trinkenden und Klebstoff schnüffelnden Freunde vermittelt sich eine Atmosphäre der Wut, Bedrohung und Verzweiflung. Die Sexualität birgt hier für Leolo keine sehnsuchtsvolle Zuflucht mehr, er entdeckt und verortet sie zwischen der Ignoranz und dem Horror. Das Dach seines Seelegebäudes bricht ein, Leolo hat Bianca verloren. Wir sehen ihn erneut in Sizilien, wo er nach ihr ruft, sie aber nicht finden kann.

Höchst bewegend ist die Szene, als die Mutter Leolo bewegungslos in seinem Erbrochenen liegend auffindet und ihn verzweifelt weinend aufnimmt. Die Befürchtung kommt in uns auf, er sei tot. Doch Leolo endet in der Verrücktheit. So geht das Einfinden in der Psychiatrie mit einem kurzzeitigen Aufatmen einher, bevor Leolos Vereisung deutlich wird. Die Familienintegration hat stattgefunden. Leo hat die Realität akzeptiert, er träumt nicht mehr.

Dennoch ist dies nicht das Ende des Films. Noch ganz erschüttert vom Gesehenen begleiten wir den Dompteur der Verse über ein schachtartiges Treppenhaus, das an den Ort von Leolos Mordanschlag gemahnt, in die Kellerräume, die angefüllt mit antiken Statuen und Büchern eine Art Museum beherbergen. Dort geht sein Werk in die reiche Fülle der kulturellen Schätze der Menschheit ein. Der Kreis schließt sich zum ersten Bild des Films. Erhalten bleibt zumindest das Werk.

Nun noch einige Bemerkungen zum Autor und Regisseur.

Das Werk Jean-Claude Lauzons ist eng mit seiner Biographie verbunden. Schon der vom Jungen selbst gewählte Name im Film »Leolo Losone« deutet dies an. *Leolo* wurde 1992 als bester ausländischer Film für einen Oskar nominiert. Der damals 37jährige Lauzon galt als extravagantester Filmemacher und Drehbuchschreiber von Quebec.

Sein Vater war – wie auch Leolos Vater – ein ungebildeter Arbeiter, der zur Gewalttätigkeit neigte. Diese traumatisierende Gewalttätigkeit zeigt sich auch in den Vaterfiguren Leolos, dem Großvater, der ihn umbringen will und dem Vater, der ihn anal-sadistisch verfolgt.

Die Mutter von Jean-Claude Lauzon war eine Halbindianerin und verließ die Familie bereits früh,[2] daher vielleicht die im Film Leolo körperlich so überpräsente, starke Mutter, die von Ginette Reno, einer bekannten kanadischen Sängerin und Schauspielerin verkörpert wird.

Wie auch im Film verbrachten die beiden Schwestern von Lauzon ein Großteil ihres Lebens in der Psychiatrie. Ein weiteres Trauma, das er in seinem Film bearbeitet. Vermutlich hatte er Angst, selbst schizophren zu werden. Er inszeniert dies, indem er seinen Hauptdarsteller im katatonen Zustand in einer Eiswanne in der Psychiatrie enden läßt. Leolos archaischen Ängste und der Wunsch nach Schutz ziehen sich durch den ganzen Film.

Seinen Beschützer fand Lauzon in seinem geistigen Mentor André Petrowski. Durch dessen Förderung gelang es ihm als einzigem Kind der armen Arbeiterfamilie dem harten Milieu zu entkommen. Petrowski nahm den jungen Lauzon mit ins Theater, gab ihm wichtige Romane zu lesen und brachte ihn mit Vertretern der kreativen Welt Montréals zusammen. Die mysteriöse Figur des weisen, alten Versebändigers im Film Leolo wird von dem Philosophen Pierre Bourgault dargestellt und spiegelt Petrowskis Position in Lauzons Leben. Der Versebändiger verwaltet eine Welt des Vergangenen, die ein Stadium der Zeitlosigkeit erreicht hat. In dieser Welt der gesammelten Kunstwerke scheinen zumindest Leolos Traumtexte zu überleben.

Jean-Claude Lauzon selbst überlebte nicht. Der von Kollegen als unerschöpfliches Nervenbündel beschriebene Filmemacher wurde leider nur 43 Jahre alt. Im August 1997, auf dem Rückweg von einem Jagdausflug im Norden von Quebec starb Lauzon beim Absturz seines Privatflugzeuges. Es war nicht zu klären, ob das

Flugzeug aufgrund starker Winde oder aufgrund eines Pilotenfehlers an den Bergen zerschellte. Das Flugzeug fing sofort Feuer. Lauzon und seine Begleiterin waren vermutlich sofort tot.[3]

[3] Vgl. Marcus Stiglegger: Ein Traum vom Sein: Das kurze Leben eines kanadischen Genies. Jean-Claude Lauzon (1953-1997). Mit Auskünften von Sylvie Pagé, Filmemacherin und Kollegin Lauzons. Splatting Image. Das Magazin für den unterschlagenen Film.
Vgl. auch http://www.splatting-image.com/Artikel/Lauzon/lauzon.htm

Alle Informationen zum familiären Hintergrund Lauzons wurden dieser Internet-Seite entnommen.

Günter Gödde: Mathilde Freud. Die älteste Tochter Sigmund Freuds in Briefen und Selbstzeugnissen. Gießen: Psychosozial Verlag, 2003, 394 S.

In seiner biographischen Darstellung über Freuds älteste Tochter Mathilde hat sich Günter Gödde auf zwei neue historische Quellen gestützt: einerseits auf siebzig Briefe Mathilde Freuds (1887-1978) an ihren Jugendfreund Eugen Pachmayr (1886-1963), andererseits auf ein »Concert- und Theater-Merkbüchlein« mit beinahe 200 Eintragungen, ebenfalls aus Mathildes Feder, das – ausführlich kommentiert – als kulturelles Zeitdokument eine bemerkenswerte Rarität ist. Beide Dokumente lassen einige Rückschlüsse auf Mathildes bisher ganz im Dunkeln gebliebene Persönlichkeit und die kulturellen Gewohnheiten ihrer Familie zu.

Mathilde war fünfzehn Jahre alt, Eugen fast zwei Jahre älter, als sie ihre Korrespondenz begannen. Der Briefwechsel erstreckte sich über sieben Jahre, von 1903 bis 1910, und schloß Mathildes Jugendzeit und den Beginn ihrer Ehe ein. Er endete mit Eugens Verlobung, jedenfalls sind Mathildes Briefe nur bis dahin erhalten.

Die biographische Darstellung ist chronologisch in vier Teile und 16 Kapitel gegliedert. Mathildes Jugendbriefe und ihr »Concert- und Theater-Merkbüchlein« wer-den in einem dokumentarischen Anhang präsentiert.

Im Kapitel über Mathildes Entwicklung in der Kindheit scheint mir speziell die Geschwisterkonstellation einer Betrachtung wert: Als erstes Kind und als Tochter ist sie den Eltern – brieflich dokumentiert vom Vater – herzlich und in Liebe willkommen. Ihr folgen fünf Geschwister, so daß Mathilde zunehmend mehr in die Rolle der Ältesten hineinwächst, zunächst als Älteste gegenüber den drei Brüdern Martin (-2), Ernst (-3½) und Oliver (-4½); als Schwester und Tochter ist sie in dieser Zeit als konkurrenzlos zu denken. Diese Position scheint Mathilde gut bekommen zu sein, wenn man der Photographie des sehr selbstbewußt dreinschauenden, etwa achtjährigen Mädchens (S. 46) Glauben schenken darf. Wie sie auf die Geburt ihrer ersten Schwester Sophie (-5½) reagiert hat, scheint nicht überliefert. Die Geburt der nächsten Schwester Anna (-8) soll Mathilde so kommentiert haben: »Warum noch mehr, wir sind schon so viele.«. Prompt (?) erkrankte sie etwa drei Monate später an Scharlach und mußte aus der Schule genommen werden. Damit war sie für einige Zeit raus aus dem Geschwistergewusel mit der neuen Schwesternkonkurrenz. Ein *im Facialis lokalisierter Tic* scheint der Rest dieser seelischen Anstrengung gewesen zu sein, den der Vater – Gott sei Dank – für doch nicht gravierend genug empfand, um eine Behandlung bei seinem Freund Fliess zu veranlassen.

Psychoanalyse im Widerspruch, 17. Jahrgang, 2005, Heft 33, S. 133-138.

Anders war es da schon mit Mathildes lebensgefährlichen Erkrankungen an Diphtherie mit fast fünf Jahren und später im Alter von 9½ Jahren. Beide Krankheitsphasen haben vermutlich die ganze Familie in Angst und Schrecken versetzt. Nicht nur den Vater, der allein zu Wort kommt, weil es die entsprechenden Dokumente so wollen. Was Mathilde von seiner Zuwendung zu spüren bekommen hat, wenn ihm »überzärtliche Gefühle für seine älteste Tochter« im Traum begegneten, muß Vermutungen überlassen bleiben. Hat er ihr von seiner »Opferhandlung«, der Zerstörung einer kostbaren Venusfigur, während ihrer zweiten Diphtherieerkrankung, erzählt, und wenn, wie wohl?

Exemplarisch seien hier einige der Jugendbriefe in den Vordergrund gerückt, die Mathilde 1903 an Eugen Pachmayr schrieb. Mathilde und Eugen hatten sich 1901 am Thumsee, einem kleinen See bei Bad Reichenhall, kennen gelernt. Dort hatte die Familie Freud im einzigen Gasthaus am Ort die Sommerferien verbracht. Das Gasthaus gehörte der Tante von Eugen, der dort mit seinen Eltern und seinem Bruder Otto zu Besuch war. Die freundschaftliche Beziehung zwischen Mathilde als Ältester und Eugen, dem Jüngeren der beiden Pachmayr-Brüder – beider Geschwisterposition scheint mir für die Art ihrer Beziehung zueinander erhellend –, festigte sich durch das Wiedersehen während der folgenden Sommeraufenthalte der Familien: Die Freuds weilten 1902 und 1903 am nahe gelegenen Königssee, Pachmayrs wiederum am Thumsee.

Im ersten Brief, einem Antwortbrief noch aus dem Ferienort – Eugen war schon nach München zurückgekehrt –, ist es nicht Mathilde, die sich zuerst zu Wort meldet, sondern es sind ihre Geschwister, der Reihe nach. Mathilde begnügt sich mit dem Kommentar: »Lieber Freund! [man beachte die Anrede] Sehen Sie, das ist immer so, wenn man viele Geschwister hat! Die nehmen einem alle guten Ideen weg, so daß einem selbst nichts mehr zum Schreiben bleibt [...]« (12. September 1903). Der hier anklingende ironisierende Unterton ist übrigens vielen ihrer Briefe eigen; er ist geradezu ein Charakteristikum ihrer Schreibstils. Eine weitere Besonderheit ist das *Sie* in der Anrede, das Mathilde all die Jahre hindurch beibehält. Dieses etwas altmodisch vornehm anmutende *Sie* schafft in der Beziehung der beiden zueinander eine eigentümliche Distanz und gibt Mathildes Briefen bisweilen eine leicht gouvernantenhafte Attitüde, zumindest die Haltung der überlegenen Älteren, was schmunzeln läßt und zugleich ihre Gefühlsdisziplin verrät.

Der erste ausführliche Brief aus Wien ist ein Brief in Fortsetzungen über drei Tage verteilt mit jeweils einem Tag Unterbrechung (19., 21. und 23. September 1903). Mathilde ist also fünf Tage mit dem Brief beschäftigt – dies scheint ihr spezieller Brieftypus zu sein, der Brief in Fortsetzungen. Sie schreibt so lange, bis sie das Gefühl hat, nun erst sei es ein richtiger Brief. Mit den Unterbrechungen und Fortsetzungen überbrückt sie zugleich ihre sehnsüchtige Wartezeit.

Inhaltlich ist dieser erste Brief erstaunlich. Mathilde beginnt ihn nämlich damit – wieder in leicht ironisierendem Unterton –, ihr melancholisches Befinden zu beklagen: »Mein lieber Freund! Ich bin wieder einmal ganz verzweifelt über mich und alles mögliche. [...] was können Sie Armer dafür, dass ich vor Nervosität ganz verdreht bin und nächstens einmal Papas Heilverfahren an mir werde erproben müssen.« Sie unterbricht, beginnt zwei Tage später, schon weniger ironisierend:

»– Meine guten Vorsätze sind zunichte geworden, ich [...] war dabei so wenig wohl, dass ich [...] keine Ruhe zum Schreiben hatte. Heute endlich wollte ich mich dazu aufraffen, aber da musste ich fortgehn [...].« Sie unterbricht erneut und schreibt zwei Tage später: »Ich traue mich gar nicht mehr, Ihnen heute zu schreiben, [...] deshalb bitte ich Sie [...], mir wegen meines Schweigens nicht böse zu sein.« Nach diesem langen Anlauf scheint »es« geschafft zu sein, nun sprudelt es aus ihr heraus, ganz unironisch: »Wie sehr die Stadt mich heuer bedrückt und verwirrt hat, [...] ich war so elend, dass ich nicht ein Wort schreiben konnte, meine Gedanken und meine Finger versagten vollständig. Dazu kam noch die Ungemütlichkeit, die nach der Rückkehr vom Lande in jedem Hause herrscht.«. Sie sehnt sich nach »Luft, Licht und grüner Freiheit«, während sie sich an den »häuslichen Aufräumarbeiten« beteiligen muß. Das scheint selbstverständlich für die Älteste im Haushalt der Familie Freud zu sein, entsprechend unwidersprochen nimmt es Mathilde offensichtlich hin. Sie kennt es nicht anders. Mit ihren Gedanken und Gefühlen ist sie ganz woanders: »Denken Sie nur, lieber Freund, dass ich mehrmals Briefe an Sie begann, aber nicht imstande war, sie zu vollenden, ich konnte keinen Satz zu Ende schreiben, ohne grässliche Fingerschmerzen, konnte keinen klaren Gedanken mehr fassen. Und wenn ich nicht schreiben kann, kann ich nicht existieren, ich war verzweifelt und verbrachte die ganze Zeit in Tränen. Gott sei Dank ist jetzt dieser schreckliche Nervositätsanfall vorbei, ich kann wieder schreiben, bin wieder ein Mensch« (S. 281-282).

Die Korrespondenz mit Eugen ist ihr bald »ein lieb gewordenes Bedürfnis geworden«, so daß sie sich »nicht vorstellen kann, wie es ohne wäre«.

Eindrucksvoll läßt sie Eugen teil haben an ihren Stimmungsbewegungen, die von ihrer Sehnsucht nach Austausch, nach Ansprache von außen, statt – so kann man vermuten – aus der Familie heraus geprägt sind, in der sie sich gefangen fühlt, festgelegt auf Haushaltshilfe, geistig nur insoweit gefordert, daß sie eines Tages eine »gebüldete« Ehefrau abgeben soll. Gemeinsam mit den Eltern zerbricht sie sich den Kopf über ihr »Geistesheil«: »[...] diese geringe geistige Beschäftigung ist mir unerträglich geworden«, schreibt sie. »Wenn man so wenig zu tun hat, kommen einem lauter unnötige Gedanken und machen einen nicht vergnügter.« Hier verknüpft sich Familientypisches mit dem Zeitgeist. Die Leidtragende ist Mathilde, die ihre Situation gut begreift, aber nicht zu ändern versteht.

Mathilde beklagt, in familiäre Verpflichtungen eingebunden zu sein, Verwandten, die zu Besuch sind, die Stadt zeigen zu müssen, obwohl sie lieber geschrieben hätte, d. h. gedanklich ausgewandert wäre. Sie kann nicht »Nein« sagen, erträgt das Gekränktsein der Verwandten nicht. »So war ich also sehr brav, führte sie überall herum und habe wenigstens das Gefühl, eine ausgezeichnete Nichte und Cousine zu sein und das ist ja auch was wert« (28. September 1903). Als Zeit zum Schreiben stiehlt sie sich »ein halbes Stündchen vor einem eingeladenen Mittagessen«. Das ist mit Sicherheit auch ein Hinweis für den schreibfaulen Eugen: »[...] nicht einmal eine Karte haben Sie mir in der langen Zeit geschickt!« Am fünften Tag verliert sie die Geduld mit Eugen: »So, heute schicke ich den Brief endgültig ab und warte nicht länger [...].« (1. Oktober 1903) Damit demonstriert sie Unabhängigkeit, die sie mitnichten erlebt, aber ständig versucht, sich Wege dahin zu verschaffen. Dazu gehört ein Besuch des Centralfriedhofs, den ihr Vater ihr bisher verwehrt hatte. Mit melancholischer Hingabe schildert sie Beobachtetes und Vorgestelltes, nicht klar voneinander getrennt. Im Kontrast dazu steht die anschließende Kutschfahrt über den Ring, zu der sie selbst den Kutscher veranlaßt: »frisch, munter und lustig«. »Der große Kontrast wirkte wunderschön und tief«, schreibt sie weiter, und »denkwürdig« ist ihr dieser Vormittag. Offensichtlich ist sie selbst ergriffen von ihrem Erleben und dem Bedürfnis nach Ausdruck, nach Kreativem, nach Sublimierung in der Sprache ihres Vaters ausgedrückt. Sie möchte Schriftstellerin werden und verrät dem Freund, daß sie zwar Zweifel hat, aber »nicht verzagen« will, sondern »mutig vorwärtsstreben«. »Vielleicht gelingt es doch!«, schreibt sie am Schluß dieses Briefabschnittes. Am nächsten Tag hat sie sich wieder im Griff, findet zu ihrem ironisierenden, stichelnden Ton zurück, über den sie den schreibfaulen Eugen erreichen und sich ein wenig entlasten möchte. Ganz versöhnlich beendet sie den Brief mit: »Hoffentlich höre ich bald wieder und nur Gutes von Ihnen!«

Dies Hin und Her zwischen Melancholie, Unruhe, Berichten, Drängen, Ironie, Forschheit und Großer Schwester bestimmt die Briefe dieses Jahres. Sie braucht Eugens Briefe, um sich identifizieren zu können und darin den Neid erträglich zu machen: »Beneiden wollt ich Sie, fällt mir ein, wegen Ihrer Freiheit. Wenn Sie Lust haben, da oder dorthin zu gehn, setzen Sie sich auf die Elektrische und fahren hin, etwas für uns Mädchen ganz Unausführbares, Unschickliches, Unmögliches. Wenn ich einmal sagen wollte, dass ich das Verlangen hätte, einen Friedhof zu besuchen, würde man mich wahrscheinlich für melancholisch halten [...] Eigentlich ist es ein Jammer mit uns Mädeln und unserer Unselbständigkeit [...].« Zunehmend hat sie das Gefühl, »ein wenig nützliches Mitglied der Gesellschaft« zu sein. Die männlich dominierte Welt des Intellektuellen wird ihr leibhaftig vor Augen geführt. Sie kann nur begrenzt teilhaben, aber ist schon froh darüber: Diese »freie Universität für Frauen, wie sie da am Athenäum ist«, ist für Mathilde »eine großartige Einrichtung«, aber der Verlockung, ins Burgtheater zu gehen, würde sie dennoch nicht widerstehen, denn sie begreift sehr wohl den Zweck dieser Einrichtung, in der Bildung vermittelt wird, weil sie den Frauen gut tut, sie zufriedener macht mit dem, wie es ist, nicht, damit sie ihr Dilemma überwinden.

Der Briefwechsel wird unterbrochen. Erst zwei Jahre später im Dezember 1905 schreibt Mathilde wieder an Eugen. In der Zwischenzeit hat eine verhängnisvolle Blinddarmoperation mit verschiedenen postoperativen Komplikationen stattgefunden, deren Folgen Mathilde den Rest ihres Lebens begleiten. Immerhin ist sie als Freuds Tochter so privilegiert, daß sie sich immer wieder Wochen lang in begehrten Ferienorten Erholung gönnen kann.

Mathilde fühlt sich verändert durch die Krankheit, an der Eugen sehr zu ihrer Freude persönlichen Anteil nimmt. Der keß ironische Tonfall in ihren Briefen verschwindet, sie wirkt ernsthafter, reifer. Wichtiges ereignet sich, bevor der Briefwechsel mit Eugens Verlobung mit Regine im Jahre 1910 endet: Zunächst heiratet Mathildes geliebte Freundin Hansi und wird ein Jahr später Mutter, während Mathilde wieder krank ist, sich in Meran, später in Tutzing erholen will. In der Pension in Meran lernt sie den zwölf Jahre älteren Robert Hollitscher, ihren späteren Ehemann, kennen. Kurz nach ihrem 21. Geburtstag (1908) – Mathilde ist juristisch gerade mündig geworden – verlobt sie sich und heiratet im Jahr darauf diesen Mann, der »endlich mal kein Psychologe« ist, sondern Tuchhändler. Damit verläßt sie das elterliche Haus – und so auch die Rolle, die sie lange innehatte. Bis dahin war sie es gewohnt, das Frühstück für ihren Vater und die Geschwister, die sie »Kinder« nennt, vorzubereiten. Eine berufliche Zusammenarbeit mit ihrem Vater kam nicht in Betracht: »[...] er kann mich nicht brauchen«, schreibt sie. Wie nebenbei hat sie in dieser Rolle auch etwas gelernt, was ihr später dazu verhilft, einen Modesalon zu führen: regelmäßig kam nämlich eine Schneiderin ins Haus. Mathilde mußte selbstverständlich helfen, alle Sachen in Ordnung zu bringen. So lernte sie vermutlich *en passant* einiges vom Schneiderhandwerk. Daß sie Geschick und Geschmack hat, kreativ ist, hat sie in dem von ihrer Tante geleiteten familiären Strickzirkel bewiesen. Später zieht Anna, die Jüngste, Mathilde zu Rate, wenn es um Entwürfe der Kleider für ihre Freundin Lou Andreas-Salomé geht, die Anna für sie strickt und häkelt. Mathildes Kreativität und Kompetenz werden hoch geschätzt, aber ihr später Übergang ins Berufsleben – mit knapp fünfzig Jahren – als Modedesignerin und als Geschäftsfrau werden verschwiegen, vielleicht, weil es eigentlich eine Frau nicht nötig haben sollte, Geld zu verdienen. Nach der Emigration nach London im Jahre 1938 setzte sie ihre berufliche Tätigkeit fort und war von 1939 bis 1964, also vom 52. bis 77. Lebensjahr Mitgesellschafterin in einem Modegeschäft in prominenter Lage, dessen Innengestaltung ihr Bruder Ernst übernommen hatte. Dieser Abschnitt in Mathildes Leben war bisher nicht bekannt, vielleicht deshalb nicht, weil ihr nach Freuds Tod keine weitere biographische

Aufmerksamkeit geschenkt wurde. Aber auch die jüngste Schwester Anna, die Mathilde in ihrer Kindheit und Jugend doch immer sehr verbunden gewesen war, hielt das Leben ihrer Schwester als erfolgreiche Geschäftsfrau offenbar nicht für erwähnenswert. Schade, daß es keine Abbildungen von Mathildes Modeschöpfungen gibt!

Mathilde wurde über neunzig Jahre alt, also älter als jedes ihrer fünf Geschwister – sie blieb zeitlebens in jeder Hinsicht die Älteste. Ihre lebensbedrohlichen Erkrankungen in ihrer Kindheit und Jugend und eine komplizierte Blinddarmoperation, in deren Folge sie kinderlos blieb, konnten ihr letztlich nichts anhaben.

Günter Gödde schildert Mathildes Entwicklung weitgehend anhand bisher unbekannter Dokumente, wobei er die Geschichte der Freudfamilie insgesamt, einschließlich der Geschichte der psychoanalytischen Bewegung einbezieht. Passagenweise gerät die Protagonistin immer mal wieder aus dem Blick, z. B. wenn es um den familiären Hintergrund von Mathildes Jugendfreund Eugen Pachmayr und den ihres Ehemannes Robert Hollitscher geht, dessen Familie überwiegend randständiges und vor allem kritisches Interesse der Freudfamilie auf sich gezogen hatte. Die Ausführungen zur weiblichen Adoleszenz im Allgemeinen und die interessante Abhandlung über das jüdische Bürgertum im Besonderen gehören dagegen zu den »vordergründigen Nebenschauplätzen« in Mathildes Lebensgeschichte. Vielleicht spiegelt sich darin Mathildes Lebensgefühl, eine unter Vielen zu sein, eher selten im Blickpunkt der Familie zu stehen und schon gar nicht im Blick der Analytiker-Community zu sein, erst recht nicht als aktiv im Berufsleben stehende Geschäftsfrau, kreative Modeschöpferin und somit »emanzipierte« Frau.

Inge Weber

Kurzrezensionen

Vorbemerkung: Ausnahmsweise werden die Kurzrezensionen in zwei Serien angeboten. Zur Serie A gehören kürzeste Vorstellungen von Büchern, die mit dem Thema des vorliegenden Hefts eng zusammenhängen. Es folgen unter B Kurzrezensionen in der für die *Psychoanalyse im Widerspruch* gewohnten Art.

* * * * *

A

Guy Debord: Die Gesellschaft des Spektakels, aus dem Französischen von Jean-Jacques Raspaud / Kommentare zur Gesellschaft des Spektakels, aus dem Französischen von Wolfgang Kuklies / Vorwort zur vierten italienischen Ausgabe von »Die Gesellschaft des Spektakels«. Berlin: Edition TIAMAT, 1996, 304 S.

Guy Debord – er wurde 1931 geboren und beging 1994 Selbstmord durch Herzschuß – zählt in Frankreich seit Jahren zu den Klassikern der Gesellschaftstheorie. Sein Buch *La société du spectacle* erschien 1967, ein Jahr vor den Mai-Ereignissen, die mit ausufernder Phantasie, Massendemonstrationen, Streiks und vielen Knüppelhieben der Ordnungskräfte den Anfang vom Ende der Ära de Gaulles markierten. Im östlichen Nachbarland erschien die deutschsprachige Übersetzung von *La société du spectacle* 1978 in der Edition Nautilus (Hamburg), ohne große Resonanz zu finden. Die hier zu besprechende Ausgabe ist eine erweiterte Nachauflage. Das deutet zwar auf einen wachsenden Käuferkreis hin. Eine öffentliche Debatte über die herausfordernden Thesen Debords hat im deutschsprachigen Raum so gut wie nicht stattgefunden – und dies, obwohl dem vielseitig Begabten von September 2001 bis Februar 2002 eine Ausstellung im Zentrum für Kunst und Medientechnologie in Karlsruhe gewidmet wurde.

Als Filmemacher hat sich Debord die Praktiken des Inszenierens, des Spektakels, des Glaubenmachenwollen mit Bildern allein schon aus berufsbedingten Gründen aneignen müssen. Um so bemerkenswerter ist der Umstand, daß *Die Gesellschaft des Spektakels* zu einer Schrift mit sozialtheoretischen Ansprüchen geworden ist (und nicht zu einem besinnlichem Diskurs über das Metier des Filmemachens).

Der Kerngedanke des Buches: die Warenwirtschaft hat im Status verantwortungsloser Souveränität die Selbstherrschaft übernommen und bildet in Gestalt von Information, Propaganda, Werbung und Konsum das Modell des derzeit vorherrschenden sozialen Lebens. Das klingt zwar abstrakt und hat mit dem Grundanliegen der Psychoanalyse wenig zu tun. Und dennoch kann es nicht schaden, wenn man sich mit den konkreten Ausführungen des Autors vertraut macht – denn das

Psychoanalyse im Widerspruch, 17. Jahrgang, 2005, Heft 33, S. 139-144.

Buch vermittelt Einsichten wenigstens in die Strukturen der zum Selbstlauf gewordenen Erregungsangeboten, die ausschließlich mit den Hilfsmitteln der Metapsychologie nicht zu objektivieren sind.

Guy Debord: Correspondance, tome IV (janvier 1969-décembre 1972). Paris: Fayard, 2004, 622 S.

Auch in diesem Teil des Briefwechsels ist Guy Debord sich selber treu: er wettert gegen den Kapitalismus, jede Form von Bürokratie, die Parteien (seien sie auf dem rechten, auf dem linken oder irgendwo im mittleren Spektrum zu finden), den Stalinismus, auch gegen die kopflos gewordenen Leute um Giangiacomo Feltrinelli, und erneut gegen die Gesellschaft des Spektakels. Eine wertvolle Quelle, dank der sich die Kenntnis des Debordschen Oeuvres ergänzen läßt.

Gerhard Schulze: Die Erlebnis-Gesellschaft. Kultursoziologie der Gegenwart. Frankfurt am Main: Campus, 1992, 765 S.

Schulzes Monographie ist kein Compendium für schnelle Leser, die nebenher wissen möchten, wodurch sich das Erlebnis als soziologische Kategorie von anderen Kategorien – insbesondere von derjenigen der Erfahrung – unterscheidet. Man mag nicht mit allem einverstanden sein, was in dieser umfassenden Schrift dargelegt wird. Man wird ihr allerdings nicht absprechen wollen, daß sie die Scheinwelt des Zeichen-, Bilder- und Reizverkehrs auf kohärente (und zudem auf höchst anregende) Weise zur begriffenen Anschauung zu bringen versucht. Und zudem entwickelt sie Erklärungen für die paradoxen Mechanismen von grenzenlosem Spaß, Unsicherheit (was will das Ich eigentlich?), Langeweile und dem Bedürfnis nach materiellen und symbolischen Kontrollinstanzen.

Christoph Türcke: Erregte Gesellschaft. Philosophie der Sensation. München: Beck, 2002, 328 S.

Bei dem Buch handelt es sich um einen bedeutsamen kulturphilosophischen Entwurf, der aus einer (psychoanalytisch verstandenen) basalen physiologischen Humandisposition die Entwicklung von Kultur ableitet und auf diese Weise die Gegenwart darin einbindet. Als grundlegend sieht Türcke den *Wiederholungszwang* an, der als im Dienste der Reizbindungsarbeit stehend verstanden wird: Den Menschen zeichnet es aus, das absolut Überwältigende der Schreckerfahrung nicht einfach zu fliehen, sondern es wieder aufzusuchen und es zu artikulieren, um ihm nicht mehr ohnmächtig ausgeliefert zu sein. Das Überwältigende wird allmählich zum Heiligen; das ursprüngliche Menschenopfer ist, vermittelt über eine Identifizierung mit dem Aggressor, zugleich seine Wiederholung und seine erste Bändigung. Die weitere Entwicklung geht über Ersatzhandlungen, es bleibt aber das Heilige das Zentrum der Gesellschaft. Aus den von Priestern ausgeübten und verwalteten ersten Ersatzhandlungen, den Tieropfern, entstehen allmählich weiter abstrahierte Ersatzhandlungen, insbesondere die Gabe von Metall, woraus sich das Geld entwickelt. Der Tempel wird zur Keimzelle des Markts. In der seit dem 16. und 17. Jahrhundert enorm beschleunigten Expansion des Markts wandert das Heilige aus dem Religiösen sozusagen in den Markt aus: Das ins Heilige transformierte Überwältigende erscheint auch hier wieder, und zwar als *Sensation*, wobei dieser zunächst ›harmlose‹, Sinnesempfindungen bezeichnende Begriff seit der Französischen Revolution seine Karriere als Begriff des Auffälligen schlechthin macht – in heutiger Kurzform ist das der *audiovisuelle Schock*. Türcke hat ein ausgesprochen gut geschriebenes, zahlreiche aktuelle wie historische kulturelle Phänomene analysierendes Buch vorgelegt, das auch deutlich macht, daß die Trias, die man zu einer tiefgehenden Kulturanalyse braucht, durch die Namen Marx, Nietzsche und Freud bezeichnet ist.

Zygmunt Bauman: Flüchtige Moderne. Frankfurt am Main: Suhrkamp, 2003, 260 S. (orig. Cambridge, UK, 2000).

Die Grundthese des Autors ist, daß wir in einer zweiten Moderne angelangt sind, die sich fundamental von der ersten unterscheidet. Ein Sinnbild der ersten (»schweren«) Moderne ist die durch Routinisierung (Fließband) charakterisierte, lokal gebundene Fabrik, und in deren Umkreis gehört als zentrale positive Kategorie die der *Ordnung* und damit verbunden als Gefahr die totalitäre Strukturierung der Gesellschaft (Angriffspunkt der Kritischen Theorie). Was sie dem einzelnen positiv bot, war *Sicherheit*, was sie im Sinne eines »Unbehagens in der Kultur« (Freud) einschränkte, waren ihre Freiheitsmöglichkeiten. Die zweite (»flüchtige«) Moderne ist deren Umkehrspiegel: Ihr Grundzug ist eine netzartige, dezentralisierte und nicht lokal gebundene Produktionsstruktur (Internet), wobei die zentrale Positivkategorie die der *Flexibilität* ist. Für den einzelnen bedeutet das eine beträchtliche Vergrößerung seiner Freiheitsspielräume, die aber zugleich einen enormen *Individualisierungsdruck* beinhaltet und das Gefühl der Unsicherheit erhöht – *Unsicherheit* wird zum Signum der flüchtigen Moderne. Bauman hat ein Buch vorgelegt, das für ein Weiterdenken der freudschen Kulturpsychoanalyse unter den Bedingungen der Postmoderne den unverzichtbaren soziologischen Boden bietet. Aber auch klinisch ist seine Analyse wichtig, untergräbt doch die postmoderne Unsicherheit das notwendige basale »Sicherheitsgefühl« (J. Sandler), und das wird in der psychoanalytischen Praxis zunehmend eine Rolle spielen.

B

Anne-Lise Stern: Le savoir-déporté. Camps, histoire, psychanalyse. Précédé de: Une vie à l'oeuvre, par Nadine Fresco et Marine Leibovici. Paris: Éditions du Seuil, 2004, 403 S.

Seit gut zwei Jahrzehnten beschäftigt sich die Psychoanalyse mit der Problematik des Trauerns, des geschichtlichen Erinnerns, der Traumata der ersten, zweiten und dritten Generation im Nach-KZ-Überleben. Gelegentlich gerät diese Beschäftigung zur unbeholfenen, manchmal zur peinlichen Veranstaltung. Schon die Ratlosigkeit sollte einen dazu bewegen, zu diesem Buch zu greifen und es bei wachster (und nicht nur bei gleichschwebender) Aufmerksamkeit zu rezipieren. Es stammt von einer Psychoanalytikerin, die als Jugendliche nach Auschwitz deportiert wurde, überlebt hat, nach Paris (der Exilstadt ihrer Eltern) zurückkehrte und dort ein bewegendes Berufsleben einschlug. Und wer wissen will, wie man über die Shoah anschaulich, ohne Floskeln und leeres Pathos spricht, kann es lesend und weiterdenkend mit diesem Buch auch lernen.

Luzifer-Amor. Zeitschrift zur Geschichte der Psychoanalyse, Heft 33, 2004. Themenschwerpunkt: Familie Freud

Viel Sorgfalt investieren Christfried Tögel und Michael Schröter, die mit mehreren Beiträgen den Hauptteil des Heftes bestreiten, in die Edition von Dokumenten, die Jacob Freuds Aufenthalt in Leipzig thematisieren oder die Beziehung zwischen Freud und seiner bis 1933 in Berlin ansässigen Schwester Mitzi und deren Tochter Lilly Marlé.

Barbara Murken stellt die Bilderbuchkünstlerin und früh verstorbene Nichte Freuds Tom Seidmann-Freud vor. Zugute halten kann man den der Freud-Familie gewidmeten Beiträgen, daß sie die Zahl der Familienmitglieder vervielfältigen und dazu anregen, den Blick der Genealogen über das zugelassene Personal hinaus zu lenken. Legitimieren läßt sich diese Biographik darüber hinaus als lexikalisches Projekt, das, unbeschwert von Erklärungszusammenhängen, zukünftigen Verfassern von Fußnoten Hilfsinstrumente für editorische Projekte oder Kommentare zur Hand geben will. Problematisch wird diese familiäre Geschichtsschreibung allerdings dort, wo sie versucht, sich historiographisch mit Freud zu autorisieren. Trotz der akkuraten Quellenedition fällt es den Autoren schwer, plausibel zu machen, welcher Erkenntnisgewinn sowohl einer gegenwärtigen Geschichtsschreibung der Psychoanalyse als auch einer historisch perspektivierten Psychoanalyse aus dieser Form von Familiennarrativ erwachsen würde. Dort, wo sich Tögel und Schröter die Frage stellen, »welcher Ertrag« (S. 23) mit dieser Geschichte zu erzielen sei, führt die Antwort in das bereits von Ernest Jones festgelegte biographische Schema zurück, Freuds frühe Kindheit zum Motor seines späteren Denkens zu machen. Folgt man diesem Muster, so besteht die Aufgabe letztlich darin, neue Auftritte in Freuds Familiengeschichte zu organisieren, da diese immer schon in einem höheren kausalen Zusammenhang mit der Theorie und Praxis der Psychoanalyse stünden. Das Heft bewegt sich in einem für die Psychoanalysegeschichte zentralen Dilemma: Ihre Abkoppelung von Fragen und Methoden einer Historiographie, wie sie außerhalb der Psychoanalyse entwickelt wurden, wirft sie zwangsläufig immer wieder auf ein schematisches Modell zurück, in dem sich aus den mehr oder weniger zufälligen frühkindlichen Lebensumständen eines einzigen Menschen Behandlungsmethoden, spezifische Erkenntnishaltungen oder methodische Innovationen und vieles mehr ableiten lassen. Das Schema ist weder neu, noch ist es geeignet, ein Verständnis für die historischen Dimensionen der Psychoanalyse zu gewinnen.

Lothar Bayer & Ilka Quindeau (Hg.): Die unbewußte Botschaft der Verführung. Interdisziplinäre Studien zur Verführungstheorie Jean Laplanches. Gießen: Psychosozial-Verlag, 2004, 235 S.

Für Jean Laplanche, mit Pontalis Autor des bekannten *Vokabulars der Psychoanalyse*, ist Verführung, wie man metaphorisch sagen könnte, die sexuell geladene Begleitmelodie der zwischen Kindern und Erwachsenen (und nicht nur Eltern) stattfindenden Interaktionen. Das hat mit Übergriffen Erwachsener an Kindern nichts zu tun. Vielmehr ist die Verführung als das »fundamentale, strukturbildende Geschehen« (S. 8) hinterrücks mit der Erziehungssituation verwoben. Die Verführungstheorie Laplanches stellt die »provozierende These auf, dass der Erwachsene [...] nicht nur als intentionales, sich selbst gegenwärtiges Subjekt aktiv und anwesend ist. Seine Handlungen und Erlebnisweisen sind vielmehr auch von seinen unbewussten, sexuellen Wünschen beeinflusst. Er begegnet dem Kind damit notwendigerweise als unbewusst begehrendes Subjekt. Als solches führt er nicht nur, er ver-führt und ist selbst ver-führt« (S. 9).

Der Band versammelt Aufsätze zur Theorie Laplanches, die aus verschiedenen Perspektiven und Fächern heraus aufgerollt und diskutiert wird. Eine rundum geglücktes und empfehlenswertes Buch!

Anne Betten & Miryam Du-nour (Hg.): Wir sind die Letzten. Fragt uns aus. Gespräche mit den Emigranten der dreißiger Jahre in Israel. Unter Mitarbeit von Kristine Hecker und Esriel Hildesheimer. Gießen: Haland & Wirth, 2004, 455 S.

Walter Benjamin träumte von einem ganzen Buch, das nur aus Exzerpten aus anderen Texten zusammengesetzt sei. *Wir sind die Letzten* ist beinahe ein derartiges Buch. Es ist eine rund vierhundert Seiten lange Verkettung von Fragmenten, die aus vielen transkribierten Interviews herausgeschnitten und thematisch geordnet wurden. Die Interviewten sind Vertreter der in Israel als »Jeckes« bezeichneten jüdischen Deutschen. Nur *ein* Merkmal ist den aus ihrer Lebensgeschichte Berichtenden gemein: Sie gelangten vor dem Ausbruch des Zweiten Weltkriegs nach Palästina, damals ein Protektorat des Vereinigten Königsreichs und später (obgleich mit unsicherem Grenzverlauf) Israel. Ständig präsente Grundierung der Erzählungen aus vergangenen Lebensphasen: das Geschehen in Europa, vor allem im braunen Deutschland, das seine Gewaltordnung lang vor 1939 systematisch aufgebaut und perfide ausgelebt hat. Die Sicht *dieser* Zeitzeugen ergänzt wohltuend und in direkter Rede die Sicht der an Leib und Erleben verletzten Opfer des NS-Regimes.

Renate Wall: Lexikon deutschsprachiger Schriftstellerinnen im Exil 1933-1945. Gießen: Haland & Wirth, 2004, 553 S.

212 Namenseinträge beschließen dieses Nachschlagewerk (S. 548-553) – eine Zahl, die nachdenklich stimmt. Else Lasker-Schüler, Nelly Sachs und Erika Mann sind unter den biographisch erfaßten Schriftstellerinnen zu finden, ihrer wird gedacht, sie werden gelesen. Die meisten anderen dürften den meisten unbekannt sein. Als Ansammlung kürzerer und längerer Artikel, die durch bibliographische Informationen ergänzt sind, mißt dieses Lexikon auch das Gebiet des verfolgten Worts aus und setzt damit den Unbekannten ein Denkmal, dem mehr folgen möge als einfaches Kopfnicken und erneutes Vergessen.

Veranstaltungen

Mai

▪ Die 5. Konferenz der Erwachsenensektion der EFPP in Zusammenarbeit mit der DGPT findet vom 19.-22. 5. in Dresden statt. Thema: *Crossing Borders – Integrating Differences.* Information: A.-M. Schloesser, Goetheallee 8, 37073 Göttingen. Telefon: (0551)56977. E-Mail: aschloesser@t-online.de

Juni

▪ Die Internationale Studiengemeinschaft für Pränatale und Perinatale Psychologie und Medizin (ISPPM) hält vom 2.-5. 6. in Heidelberg ihren 16. Internationalen Kongreß ab. Thema: *Anthropologie und Psychologie von Schwangerschaft und Geburt.* Information: Sekretariat der ISPPM, Frau J. Bischoff, Friedhofweg 8, 69118 Heidelberg. E-Mail: secretary@isppm.de

▪ Das 13. Arbeitstreffen für Qualitative Forschung in der Psychotherapie findet vom 17.-18. 6. im Krankenhaus Tiefenbrunn (bei Göttingen) statt. Thema: *Kommumikation von Angst in der Psychotherapie.* Information: Frau B. Hartung, Telefon: (0551)5005247.
E-Mail: birgitt.hartung@nlkh-tiefenbrunn.niedersachsen.de

Juli

▪ Das Institut für Psychoanalyse und Psychotherapie Heidelberg-Mannheim und das Institut für Psychoanalyse Heidelberg-Karlsruhe (DPV) veranstalten vom 15.-16. 7. ihre 4. Kunstpsychoanalytische Tagung. Thema: *Innen – Außen.* Information: Frau J. Bischoff, Alte Bergheimerstr. 5, 69115 Heidelberg. Telefon: (06221)658936, Fax: (06221)658935. E-Mail: PSA-HD-MA@web.de
Internet: www.psychoanalytische-ressourcen.de/ipp/

▪ Der 44. Kongreß der Internationalen Psychoanalytischen Vereinigung (IPV/IPA) findet vom 28.-31. 7. in Rio de Janeiro statt. Thema: *Trauma – neue Entwicklungen in der Psychoanalyse.* Information: Internet: www.ipa.org.uk

August

▪ Das 13th European Symposium in Group Analysis der Group Analytic Society, London und des Institute of Group Analysis, Norway findet vom 8.-13. 8. im Hotel Seilet in Molde (Norwegen) statt. Thema: *Between Matrix and Manuals. Contemporary Challenges in Group Analysis.* Information: Atlantic Reiser AS, P.O.Box 123, N-6447 Elnesvaagen, Norway. Fax (+47)71268891.
E-Mail: geir@atlantic-as.no
Internet: www.atlanticreiser.no

Psychoanalyse im Widerspruch, 17. Jahrgang, 2005, Heft 33, S. 145-147.

▪ Die Drei-Länder-Tagung der Österreichischen, Schweizerischen und Deutschen Gesellschaft für Analytische Psychologie findet vom 25.-28. 8. in Wien statt. Thema: *100 Jahre Erich Neumann, 130 Jahre C. G. Jung*. Information: Mag. H. Eckstein, Ernst-Grein-Straße 39, A-5026 Salzburg. Fax: (+43)662648436.
E-Mail: h.eckstein@aon.at

September

▪ Das Institut für Psychoanalyse und Psychotherapie Gießen veranstaltet vom 9. 9-11. 9. eine Fairbairn-Konferenz in Gießen. Thema: *Fairbairns Bedeutung für die moderne Objektbeziehungstheorie*. Information: Institut für Psychoanalyse und Psychotherapie Gießen, Ludwigstr. 73, 35392 Gießen. Telefon: (0641)74527, Fax: (0641)78056.
E-Mail: Inst.PSAu.Psth-Giessen@t-online.de
Internet: www.gpi.dpv-psa.de

▪ Die 56. Jahrestagung der DGPT findet vom 16.-18. 9. in Lindau statt. Thema: *Störungen der Persönlichkeit*. Information: DGPT, Johannisbollwerk 20, 20459 Hamburg. Telefon: (040)3192619. Internet: www.dgpt.de

▪ Das 5. Coesfelder Symposium Musik und Psyche findet vom 17.-18. 9. in Coesfeld statt. Thema: *Die Musik als Klangrede*. Information: Kolping-Bildungsstätte Coesfeld, Gerlever Weg 1, 48653 Coesfeld. Telefon: (02541)80303, Fax: (02541)803101. E-Mail: s.berlemann@bildungsstaette.kolping-ms.de
Internet: www.psychoanalyse-und-musikde

▪ Die Deutschsprachige Gesellschaft für Psychotraumatologie (DeGPT) veranstaltet ihre 7. Jahrestagung vom 23.-5. 9. in Dresden. Thema: *Brücken bauen – Wissen verbinden. Konzepte moderner Psychotraumatlogie*. Information: Klinik Schweden-stein Tagungsbüro, Frau M. Kreuzahler, Obersteinacher Weg, 01896 Pulsnitz. Telefon: (0359)5547501, Fax: (0359)5547631.
E-Mail: tagung@klinik-schwedenstein.de

Oktober

▪ Die 34. Norddeutschen Psychotherapietage finden vom 30. 9.-10. 10. in Lübeck statt. Thema: *Moderne Zeiten - moderne Krankheiten?*. Information: livingcongress, Congress Management International, Frau G. Maday, Willi-Brandt-Allee 10, 23554 Lübeck. Telefon: (0451)7904244, Fax: (0451)7904100.
E-Mail: mayday@livingcongress.de

November

▪ Die British Psychoanalytic Society veranstaltet das 3. Europäische Psychoanalytische Filmfestival (epff3) vom 3.-6. 11. in London. Information: EPFF3, Institute of Psychoanalysis, 112a Shirland Road, London W9 2EQ, UK. Telefon: (+44)2075635017. E-Mail: EventsBPAS@compuserve.com
Internet: www.psychoanalysis.org.uk/epff3

▪ Die Arbeitsgemeinschaft für Psychoanalyse und Psychotherapie Berlin veranstaltet ihre 4. Arbeitstagung am 10.-11. 11. In Berlin. Thema: *Traumatisierungen in der Geschichte und Gegenwart (Ost-)Deutschlands.* Information: Sekretariat der APB, Frau Witt. Telefon: (030)28394323.

▪ Die diesjährige Herbsttagung der DPV findet vom 16.-19. 11. In Bad Homburg statt. Thema: *Heilung und Stagnation in psychoanalytischen Behandlungen.* Information: Geber + Reusch, Rheinparkstr. 2, 68163 Mannheim. Telefon: (0621)826611, Fax (0621)812014. Internet: www.dpv-psa.de

Filmkalender: Psychoanalytiker/innen diskutieren Filme

Berlin:
Berliner Psychoanalytisches Institut, Karl-Abraham-Institut, Körnerstraße 11, 10785 Berlin. Telefon: (030)26554918. E-mail: sekretariat@bpi-psa.de
Im Sommersemester keine Vorstellungen.

Arbeitsgemeinschaft für Psychoanalyse und Psychotherapie e. V. in Berlin (A.P.B.) in Zusammenarbeit mit dem »Kino in der Brotfabrik«, Caligariplatz (Prenzlauer Promenade), 13086 Berlin, Tel.: (030) 4714001. Dort sind die genauen Termine zu erfahren. Information im Internet auch über: www .apb.de

- 8. Mai: K. Branagh (1994) *Mary Shelleys Frankenstein*, vorgestellt von G. Minnich.

Bremen:
Veranstalter: gruppe film/psychoanalyse/kritik. Im Kommunalkino Bremen/Kino 46. Telefon: (0421)3876731. E-mail: FPK@gmx.de bzw. info@kino46.de
Zur Zeit keine psychoanalytischen Vorstellungen geplant.

Düsseldorf:
Veranstalter: Akademie für Psychoanalyse und Psychosomatik Düsseldorf und Black Box Filmtheater, und zwar im Filmtheater Blackbox, Schulstraße 4, 40213 Düsseldorf (Altstadt). Reihe *Psychoanalyse und Film*. Zeit: jeweils freitags um 19.00 Uhr. Einführung durch S. Feldmann (Rheinische Post) und eine/n Psychoanalytiker/in. Kartenreservierung unter (0211) 8992490. Information:
www.akademie-psychoanalyse.duesseldorf.de
Das Programm liegt noch nicht fest.

Freiburg:
Veranstalter: Psychoanalytisches Seminar Freiburg im Kommunalen Kino im alten Wiehrebahnhof. Information: E-mail: PSF-Sekretariat@t-online.de sowie kino@freiburger-medienforum.de
Das Programm für das Sommersemester steht noch nicht fest.

Gießen:
Veranstalter: Institut für Psychoanalyse und Psychotherapie, Ludwigstraße 73, 35392 Gießen, Telefon: (0641)74527. Information auch über H. Schimpf, Breiter Weg 53, 35440 Linden, Telefon: (0641)72712. E-mail: h.schimpf@t-online.de
Zeit: jeder 2. Montag, 20.00 Uhr; Ort: Heli Kino, Gießen.

Psychoanalyse im Widerspruch, 17. Jahrgang, 2005, Heft 33, S. 149-152.

Das Programm für das Sommersemester steht noch nicht fest.

Heidelberg:
Veranstalter: Institut für Psychoanalyse und Psychotherapie Heidelberg-Mannheim, Psychoanalytisches Institut Heidelberg-Karlsruhe (DPV), Heidelberger Institut für Tiefenpsychologie. Reihe: *Psychoanalyse und Film* im Gloria Filmtheater, Hauptstraße, 69117 Heidelberg. Information und Kartenreservierung: Telefon: (06221) 253119. Internet: www.psychoanalytische-ressourcen.de/ipp/ sowie:
www.hdka.dpv-psa.de
Die Veranstaltungen finden jeweils am letzten Donnerstag eines Monats um 20.00 Uhr statt.
▪ 26. Mai: Fatin Akin (2004) *Gegen die Wand*, vorgestellt von B. Vogt.
Die weiteren Vorstellungen stehen noch nicht fest.

Reihe *Filmklassiker tiefenpsychologisch betrachtet* in der Kinomathek im Heidelberger Institut für Tiefenpsychologie, Alte Bergheimerstr. 5, 69115 Heidelberg, jeweils am ersten Mittwoch um 20.00 Uhr.
Im Sommersemester keine Vorstellungen.

Kassel:
Veranstalter: Alexander-Mitscherlich-Institut, Karthäuser Straße 5a, 34117 Kassel, Telefon: (0561) 779620. Information auch über A. Mahler-Bungers, Heckenmühle, 34326 Morschen, E-mail: mahler-bungers@t-online.de
Die Veranstaltungen finden jeweils sonntags um 11.30 Uhr im Bali Kino (Hauptbahnhof) statt.
Im Sommersemester finden keine Veranstaltungen statt.

Kiel:
Veranstalter: John-Rittmeister-Institut für Psychoanalyse, Psychotherapie und Psychosomatik, Telefon: (0431)8886295.
E-mail: john-rittmeister-institut@t-online.de
Die Veranstaltungen finden im Kommunalen Kino in der Pumpe, Haßstraße 22, 24103 Kiel statt. Information und telefonische Kartenvorbestellung dort: (0431) 96303.
▪ 13. Juni (20.00 Uhr) H. van Diem (1997) *Karakter*, vorgestellt von G. Bergmann-Mausfeld.

Köln:
Informationen über www.psa-kd.de

Leipzig:
Veranstalter: Sächsisches Institut für Psychoanalyse und Psychotherapie in Passagekinos, Hainstr. 19a, 04109 Leipzig. Zeit: 19.30 Uhr. Information: Telefon (0341)9615301,
E-mail: spp-leipzig@t-online.de
▪ 8. Juli: A. Hitchcock (1960) *Psycho*, vorgestellt von G. Schneider.

Lübeck:
Reihe *Psychoanalyse und Film* im Kommunalen Kino.
Information: Dr. Hanna Petersen, Hundestr. 26, 23552 Lübeck, Tel.: (0451) 5823350 . E-mail: H.Petersen@t-online.de
Im Sommersemster finden keine Vorstellungen statt.

Mannheim:
Veranstalter: Institut für Psychoanalyse und Psychotherapie Heidelberg-Mannheim, Alte Bergheimerstraße 5, 69115 Heidelberg, Telefon (06221) 658936 und Psychoanalytisches Institut Heidelberg-Karlsruhe (DPV), Vangerowstraße 23, 69115 Heidelberg, Telefon: (06221) 167723 (Internetadressen siehe Heidelberg). Reihe: *Psychoanalytiker stellen Filme vor,* jeweils sonntags um 19.30 Uhr im Kommunalen Kino Cinema Quadrat im Collini Center, Mannheim.
E-mail: info@cinema-quadrat.de
Internet: www.cinema-quadrat.de
▪ 19. Juni: I. Bergman (1966) *Persona*, vorgestellt von S. Kiani-Dorff und M. Bölle.
▪ 17. Juli Ch. Petzold (1997) *Die innere Sicherheit*, vorgestellt von B. Vogt.
▪ 25. September: M. Carné (1942) *Die Nacht mit dem Teufel*, vorgestellt von Hj. von Freytag-Loringhoven.
▪ 16. Oktober: T. Tykwer (2000) *Der Krieger und die Kaiserin*, vorgestellt von G. Witt-Schneider und G. Schneider.
▪ 13. November: F. Lang (1932) *Das Testament des Dr. Mabuse*, vorgestellt von U. Gaitzsch.

Stuttgart:
Veranstalter: Institut für Psychoanalyse Stuttgart/Tübingen, Konrad-Adenauer-Straße 23, 72072 Tübingen. Information: www.agstue.dpv-psa.de sowie
E-mail: info@koki-stuttgart.de
Reihe: *Kino: Film + Psychoanalyse* im Kommunalen Kino, Friedrichstr. 23 A, 70174 Stuttgart, und zwar sonntags um 18.00 Uhr.
▪ 8. Mai: I. Bergman (1963) *Das Schweigen*, vorgestellt von A. Banki.
▪ 19. Juni: A. Lee *Sinn und Sinnlichkeit*, vorgestellt von W. Steffens.
▪ 17. Juli: Th. Vinterberg *Das Fest*, vorgestellt von I. Pohl.

- 18. September: S. Peckinpah *Pat Garrett jagt Billy the Kid*, vorgestellt von K. Wilde.

Tübingen:
Veranstalter: Institut für Psychoanalyse Stuttgart/Tübingen. Information auch über J. F. Danckwardt, Im Buckenloh 2, 72070 Tübingen.
E-mail: jfdanckwardt@t-online.de
Reihe: *Film und Psychoanalyse*, mittwochs um 20 Uhr im Studio Museum Tübingen. Informationen auch über Studio Museum, Semesterfilmspiegel.

- 25. Mai: B. Wilder (1955) *Das verflixte siebente Jahr*, vorgestellt von Hj. von Freytag-Loringhoven.
- 29. Juni: M. Gondry (2003) *Vergiss mein nicht*, vorgestellt von J. F. Danckwardt.
- 13. Juli: I. Bergman (1957) *Wilde Erdbeeren*, vorgestellt von G. von Freytag und J. F. Danckwardt.

Autorinnen und Autoren dieses Hefts

Ernst van Alphen, Jg. 1958, ist Queen Beatrix Professor of Dutch Studies und Professor of Retoric an der University of California in Berkeley. Zugleich lehrt er als Professor für Vergleichende Literaturwissenschaft an der Universität Leiden in den Niederlanden. Veröffentlichungen: *Francis Bacon and The Loss of Self* (Harvard University Press 1994), *Caught By History: Holocaust Effects in Contemporary Art, Literature, and Theory* (Stanford University Press 1997), *Armando: Shaping Memory* (NAi publishers 2000) und *Art in Mind: How Contemporary Images Shape Thought* (University of Chicago Press 2004).
Anschrift:
Professor Ernst van Alphen
Stadionweg 44,
NL – 1077 SM Amsterdam
Niederlande
E-Mail: e.j.van.alphen@let.leidenuniv.nl

Werner Balzer, Dr. med., Jg. 1952, Facharzt für Psychotherapeutische Medizin, Lehranalytiker (DPV), arbeitet seit 1986 in freier psychoanalytischer Praxis in Heidelberg und als externer Supervisor an verschiedenen psychiatrischen bzw. kinder- und jugendpsychiatrischen Abteilungen. Veröffentlichungen zu behandlungstechnischen Themen, zu Konzepten der »psychischen Oberfläche« des psychoanalytischen Prozesses sowie zu kulturkritischen Fragestellungen.
Anschrift:
Dr. med. Werner Balzer
Gutenbergstraße 4
D – 69120 Heidelberg
E-Mail: dr.werner.balzer@t-online.de

Eva Berberich, Dr. med., niedergelassene Psychoanalytikerin für Erwachsene, Kinder und Jugendliche, Lehranalytikerin der DPV. Publikationen zur Technik der Kinderanalyse in deutscher, englischer und französischer Sprache.
Anschrift:
Dr. med. Eva Berberich
Mönchhofstr. 3 B
D – 69120 Heidelberg

Psychoanalyse im Widerspruch, 17. Jahrgang, 2005, Heft 33, S. 153-157.

Joachim F. Danckwardt, Dr. med., choreographische, psychiatrische, psychotherapeutische und psychoanalytische Ausbildungen. Berufspolische Tätigkeiten. Psychotherapeut in der kassenärztlichen Versorgung, Berater an Kliniken und Lehranalytiker und Supervisor DPV/IPA. Betreibt praxisbegleitende Erkundungsforschung mit Schwerpunkt psychotherapeutische, psychoanalytische, kreative Prozesse. Zuletzt erschienen: »... aber ich fühle, es ist anders.« (Paula Heimann) – Anmerkungen zum Affektsystem der Gewissheit bei psychotischen, neurotischen und normotischen Mechanismen. Psychoanalyse und Gewissheit, Jahrbuch der Psychoanalyse (2004), Band 48, S. 69-102.
Anschrift:
Dr. med. Joachim F. Danckwardt
Im Buckenloh 2
D – 72070 Tübingen
E-Mail: JFDanckwardt@t-online.de
Homepage: www.danckwardt.de

Helmut Däuker, Dr. phil., Dipl. Psych., Psychoanalytiker in eigener Praxis in Mannheim. Dozent am Institut für Psychoanalyse und Psychotherapie Heidelberg-Mannheim (DGPT) und am Heidelberger Institut für Tiefenpsychologie (HIT). Buchveröffentlichung: *Bausteine einer Theorie des Schmerzes. Psychoanalyse, Neuropsychologie, Philosophie.* (2002); Veröffentlichungen in Fachzeitschriften und Büchern zum Themenbereich: Psychoanalyse, Neurobiologie, Philosophie, Ethik.
Anschrift:
Dr. Helmut Däuker
Werderstraße 36
D – 68165 Mannheim

Annette Geiser-Elze, Jg. 1967, Diplompsychologin, psychoanalytische Ausbildung am Institut für Psychoanalyse und Psychotherapie Heidelberg-Mannheim e. V. (DGPT) seit 1998, wissenschaftliche Mitarbeiterin der Heidelberger Studie zur analytischen Langzeitpsychotherapie bei Kindern- und Jugendlichen seit 2000. Veröffentlichung: Kronmüller, K.-T., Victor, D., Horn, H., Winkelmann, K., Reck, C., Geiser-Elze, A. & Hartmann, M. (2002). Muster der therapeutischen Beziehung in der Kinder- und Jugendlichen-Psychotherapie. In: Zeitschrift für Klinische Psychologie, Psychiatrie und Psychotherapie, 2003 (3), S. 267-280.
Anschrift:
Dipl. Psych. Annette Geiser-Elze
Angelweg 16

D – 69121 Heidelberg

Anja Guck-Nigrelli, Jg. 1955, Dr. med., Fachärztin für Psychotherapeutische Medizin, psychoanalytische Ausbildung am Institut für Psychoanalyse und Psychotherapie Heidelberg-Mannheim e. V. (DGPT) seit 1995. Staatl. gepr. Übersetzerin.

Anschrift:
Dr. med. Anja Guck-Nigrelli
Grenzenhöferstraße 71
D – 68535 Edingen

Parfen Laszig, Jg. 1963, Dr. sc. hum., Dipl.-Psych., Psychologischer Psychotherapeut, Psychoanalytiker (DGPT, DeGPT). 1993-2004 wissenschaftlicher Mitarbeiter an der Psychosomatischen Klinik, Abteilung Psychosomatik (Prof. Dr. med. G. Rudolf). Klinische Tätigkeit als Einzel-, Gruppen- und Visitentherapeut sowie Supervisons-, Lehr- und Forschungstätigkeiten. Seit 2005 niedergelassen in eigener psychotherapeutischer Praxis, Heppenheim (Bergstraße). Letzte Buchveröffentlichungen (2003): *Aktuelle Entwicklungen in der Psychotraumatologie. Theorie, Krankheitsbilder, Therapie.* Psychosozial Verlag, Gießen (zusammen mit G.H. Seidler, R. Micka, B. Nolting als Herausgeber).
Weitere Veröffentlichungen und Forschungsschwerpunkte s. Homepage: www.parfen-laszig.de

Anschrift:
Dr. Parfen Laszig
Psychotherpeutische Praxis
Kleine Bach 14
D – 64646 Heppenheim
Tel: +(49) (0)6252-794991; Fax: +(49) (0)6252-794992.
E-Mail: praxis@parfen-laszig.de
Homepage: www.parfen-laszig.de

Susanne Loetz, Jg. 1960, Diplompsychologin, psychoanalytische Ausbildung am Institut für Psychoanalyse und Psychotherapie Heidelberg-Mannheim e. V. (DGPT). Bis 2001 Mitarbeiterin der Abt. Psychosomatische Kooperationsforschung und Familientherapie, Universitätsklinikum Heidelberg. Veröffentlichung: Cierpka, M; Loetz, S & Cierpka, A. (2002): Beratung für Familien mit Säuglingen und Kleinkindern. In: Wirsching, M. & Scheib, P. (Hg.): *Paar- und Familientherapie*, Heidelberg: Springer.

Anschrift:
Dipl. Psych. Susanne Loetz
Kapellenweg 24
D – 69121 Heidelberg

Johannes Picht, Dr. med., geb. 1954, Facharzt für Innere Medizin, Facharzt für Psychotherapeutische Medizin, Psychoanalytiker (DPV, IPA) in freier Praxis.
Anschrift:
Dr. med. Johannes Picht
Breite Straße 24
D – 76135 Karlsruhe

Gerhard Schneider, Dr. phil., Dipl.-Psych., Dipl.-Math, Psychoanalytiker in eigener Praxis in Mannheim. Lehranalytiker bei der Deutschen Psychoanalytischen Vereinigung (DPV) und am Institut für Psychoanalyse und Psychotherapie Heidelberg-Mannheim (DGPT). Bücher: Affirmation und Anderssein (1995), Internalisierung und Strukturbildung (!995, Hg. zus. mit G.H. Seidler), Psychoanalyse und bildende Kunst (Hg., 1999). Zahlreiche Veröffentlichungen in Büchern und Fachzeitschriften, zuletzt u.a.: Die Zukunft? Plädoyer für eine atopische Grundhaltung in der Psychoanalyse - mit einem Exkurs zu Melvilles *Bartleby* (Psyche 2003).
Anschrift:
Dr. Gerhard Schneider
Goethestraße 6
D – 68161 Mannheim

Christoph Türcke, geb. 1948, Professor für Philosophie an der Hochschule für Grafik und Buchkunst, Leipzig. 2003 erschien: *Fundamentalismus – maskierter Nihilismus*, Springe: zu Klampen. Im September 2005 erscheint: *Vom Kainszeichen zum genetischen Code. Kritische Theorie der Schrift*, München: C. H. Beck.
Anschrift:
Professor Dr. Christoph Türcke
Hochschule für Grafik und Buchkunst
Postfach 100805
D – 04008 Leipzig

Inge Weber, Dr., Psychoanalytikerin in eigener Praxis, Lehranalytikerin am Lou Andreas-Salomé Institut für Psychoanalyse und Psychotherapie (DPG) Göttingen e. V. Arbeitsschwerpunkte: Geschichte der Psychoanalyse, Leben und Werk der Lou Andreas-Salomé. Letzte Veröffentlichung: *»... als käm' ich heim zu Vater und Schwester« Lou Andreas-Salomé – Anna Freud Briefwechsel 1919-1937*, Göttingen: Wallstein 2001; 2.Auflage 2003, dtv Taschenbuchausgabe 2004.

Anschrift:
Dr. Inge Weber
Goetheallee 8
D – 37073 Göttingen

Claudia Wolff, geboren 1941, Studium der Germanistik und Philosophie. Arbeitet als freie Autorin vor allem für den Rundfunk. Features, Essays, Kommentare, Glossen. 2004 ist erschienen: *Letzte Szenen mit den Eltern*, München: Verlag Antje Kunstmann. Claudia Wolff ist Mitglied der Berliner Akademie der Künste.

Anschrift:
Claudia Wolff
Bergstraße 139 A
D – 69121 Heidelberg
E-Mail: pollyester@t-online.de

www.ingramcontent.com/pod-product-compliance
Ingram Content Group UK Ltd.
Pitfield, Milton Keynes, MK11 3LW, UK
UKHW040025200726
13854UKWH00001B/375